社会科学研究：
从思维开始 原书第11版

托德·多纳（Todd Donovan）
肯尼斯·赫文（Kenneth Hoover）

著

潘 磊 马帅超 李涤非

译

重庆大学出版社

译者简介

潘磊 武汉大学哲学博士,武汉大学哲学系副教授。在《自然辩证法研究》《武汉大学学报》等权威、核心期刊上发表数篇论文。

马帅超 河南财经政法大学经济伦理学硕士,发表论文多篇。

李涤非 武汉大学哲学博士,河南财经政法大学副教授。在《自然辩证法通讯》《自然辩证法研究》《世界哲学》等权威、核心期刊上发表十多篇论文、译文,出版《按常识原理探究人类心灵》《论人的理智能力》等7部译著。

作者简介

托德·多纳 加州大学湖滨分校的哲学博士,西部华盛顿大学政治科学教授。最近出版的作品有:与 Christopher Moooney, Daniel Smith 合著的《州与地方政治:制度和改革》(*State and Local Politics:Institutions and Reform*, Cengage, 2010);与 Christopher Anderson, Andre Blais, Shaun Bowler, Ola Listhaug 合著的《失败者允诺:选举与民主合法性》(*Losers' Consent:Elections and Democratic Legitimacy*, Oxford, 2007);与 Shaun Bowler 合著的《共和国改革:新美国的选举制度》(*Reforming the Republic:Electoral Institutions for the New America*, 2004)。

肯尼斯·赫文 威斯康星大学麦迪逊分校的哲学博士,西部华盛顿大学政治科学荣退教授。他的晚期著作有:《身份的未来》(*The Future of Identity*, Lanham, MD:Lexington Books, 2004);《作为意识形态的经济学:凯恩斯、拉斯基·哈耶克与当代政治学的风起》(*Economics as Ideology:Keynes, Laski Hayek and the Creation of Contemporary Politics*, Rowman Littlefield Lanham, MD:2003。他还与 John Miles, Vernon Johnson, Sara Weir 合著了《意识形态与政治生活》(第三版)(*Ideology and Political Life*, 3rd ed., Wadsworht, 2001.)

译者前言

尽管最近几十年来不断有人著书立说,试图为社会科学研究树立一种"建构主义"(亦称"自然主义")模式,以取代盛行的实证主义范式。但无论取代的理由如何,实证主义的研究成果正在越来越广泛地影响社会生活的方方面面,并且在许多领域,尤其在经济领域取得了巨大的成就,为人们预测以及控制社会现象朝良性发展做出了巨大贡献,这却是不争的事实。相较起来,预测、控制社会现象从来就不是建构主义范式的主旨,要取得对等的成就即便不是完全不可能,也似乎是一件遥远的事。因此,实证主义范式仍是社会科学研究的首选模式,任何人想要迈入社会科学研究领域,都应该通晓这种范式的特点、构成和研究步骤。

有很多书籍对实证主义范式做了详尽的介绍,但《社会科学研究:从思维开始》是最值得推荐的佳作之一——在过去三十多年中,能出到11版的学术性畅销著作,显然意味着它在许多方面有过人之处。

本书尽管篇幅不大,内容也不像一般的方法论著作那样深奥,但它有力地论证了科学思维方式的重要性,简练清晰地介绍了科学思维的几个基础要素,包括概念、变量、假设等,还用典型的研究范例展示了研究社会科学问题的思考步骤。当然,这里的介绍有点画蛇添足之嫌,因为作者本人在前言中就有比较具体的介绍,而再具体一些的就是著作本身了。我们建议,无论是已经在从事社会科学研究的学者,还是即将踏入社会科学领域的新人,都应好好地阅读这本《社会科学研究:从思维开始》:该书对于前者也许有启发作用,对于后者则是优秀的入门教材。

本书的英文第8版最初于2007年由李涤非和潘磊合译,2008年由重庆大学出版社出版(当时的译名是《社会科学研究的思维要素》)。而后,李涤非又在第8版的基础上全权负责了第10版的翻译工作。如今呈现给读者的是第11版。相较之前版本,最大的变化是作者删除了原第6章的全部内容。第11版的重译及修订工作分工如下:潘磊负责第1—4章的重译及全书的校订工作;马帅超负责第5章及附录A的重译工作;李涤非负责附录B的重译工作。

在翻译第8版时,为了保证翻译质量,我们在校对时参考了我国台湾张家麟博士(在此对张博士致以谢意)的译本,并惊讶地发现,无论是在用词,还是在造句上,两个译本间存在许多巧合(想想英文原文的一致,也就不存在"巧合"之说了)。不过聊以自慰的是,我们的译本避免了出现在张译本中的一些不足甚至错误。当然,不论我们如何谨慎细致,总有不如意的地方,恳请读者批评指正。

最后特别感谢重庆大学出版社的诸位编辑对我们的厚爱,把如此优秀的一本著作的翻译工作托付给我们,希望我们的努力对得起他们的信任。

潘 磊

2019年2月

作者前言

　　这本小册子不是很深奥，事实上它算是社会科学的入门读物，旨在帮助那些使用社会科学研究成果的人和那些将迈开研究生涯第一步的研究者。

　　概念从何而来？
　　何为变量？
　　为何要科学思维？
　　有关现实的假设如何区别于其他的陈述？
　　其相似性是什么？

　　本书将解答这类基本问题。我们的意图在于帮助读者识破有关社会科学的某些假象，尽可能帮助他们踏出研究的第一步，至于研究技巧的详尽细节，则有待参考更详细、更专业的资料。全书强调的是现实检验，该检验是我们赖以认识世界构成的一种过程。这是对科学的一种宽泛介绍——我们鼓励读者既在日常思维中，也在社会科学方法的具体运用中保持科学的态度。

　　我们确信，在那些做定量研究和不做定量研究的社会科学家

（以及所谓的实证主义者和反实证主义者）之间的争论,有助于拓宽社会科学家的研究工具和研究前景。这种争论消耗了大量能量和精力,现在最好是善用它们,以使我们更富于建设性地使用社会分析技术。不说其他,显而易见的是,没有一种方法可以提供所有答案,任何方法都有其独特的缺陷,都可能导致偏见。选择合适的方法论或方法论的组合,是关键的考量。

当社会科学家投入这些争论时,社会问题似乎变得愈加复杂、更难解决。如果审慎观察对于理解这些问题至关重要,那么社会科学就扮演了一个关键角色。

经典的科学研究规则提供了一种框架,用于解决在真理这个最有争议的主题上的冲突,即便冲突发生于彼此特别反感的人之间。我们尤其需要用系统的分析来考察源自各种洞见的有用观念,以便能把彼此冲突的观点消解在富有成效的活动实践之中。

第 11 版的变化

这本书最初出版于 30 年前,当时作者肯尼斯·赫文(Kenneth Hoover)还是一位年轻的政治理论学者,他回顾了自己在社会科学方面所受的教育,尝试着厘清一些关键概念和技术,以便新一代的大学生能够理解它们。作者最初反感定量分析和政治学的科学研究方法。不过,他逐渐认识到,它们有助于回答汉拿·皮特金(Hanna Pitkin)认定的作为理论家都要涉及的根本问题:如何改善人类的境况? 我们无力改变的是什么①? 或许本书的长寿归功于它起源于方法论之外的领域,归功于它本来的意图在于帮助那些对社会变化感兴趣的学生掌握社会科学的一些工具。

---

① Hanna Pitkin, *Fortune is a Woman*: *Gender and Politics in the Thought of NicoloMachiavelli* (Chicago: University of Chicago Press, 1999)

　　第 11 版《社会科学研究:从思维开始》延续了理论家肯尼斯·赫文和更具实证研究取向的社会科学家托德·多纳(Todd Dono-van)的合作。多纳是在第 6 版与赫文开始了合作,这一版是 2007年赫文逝世后的第一个修订本,不过《社会科学研究:从思维开始》仍旧是合作的产物,保留了肯尼斯著作的大量内容。我们一直致力于以其他形式的"认知"为参考来定位科学知识,以便学生能识破阻碍有关讨论的某些陈腔滥调。核心教导依然是:通过观察我们只能局部地认识构成世界的各种现象,而科学旨在减少世界的不确定性,重点就在于我们得了解观察能做到什么。

　　我们还一贯强调直接的说明。我们做了许多小改动,然而,统计工具日益增长的复杂性,以及有助于这些工具传播的计算机的广泛普及,使我们觉得有必要扩展与研究技术相关的内容。我们用两个附录作为研究的范例,以满足社会学家、政治学者,以及其他社会科学家的广泛需要,我们改换了一个附录,以收入一些研究问题的范例。附录 A 介绍了有关美国"社会资本"衰退的讨论,以表明学者是如何研究社区参与和政治参与之间逐渐变化着的关系。附录 B 阐明了 28 个国家的政治信任、社会资本和其他力量之间的关系。

致　谢

　　一部畅销三十几年的著作肯定会拥有大量的读者群。首先,我们要对我们的学生致以最崇高的谢意,没有他们的评论,本书难以问世。

　　一直以来,许多评论家及同仁均提供了许多有益的建议。俄亥俄州任斯特学院的鲍勃·布莱尔(Bob Blair)对第 1 版的编排提供了巨大帮助。俄亥俄州立大学政治科学的名誉教授柯劳森(Aage Clausen)对随后的几版均做了相关评论,这对于维系本书的独特使命及格调极为关键。最近，一些同仁不断地提出一些具体的洞见，他们是：南加州大学的大卫·多莫夫（David Darmofal）、中佛罗里达大学的德鲁·拉尼尔（Drew Lanier）、加州州立大学（芝加哥）的艾琳·莫里斯（Eileen Morris）、布里奇沃特州立学院的梅瑞狄斯·斯宾塞（Meredith Spencer）。原谅我们不再一一列举，在此一并致谢。

在本书的写作过程中，朱蒂·赫文（Judy Hoover）提出了许多有益的想法，贡献良多。我们非常想念她和肯（Ken）。劳伦·阿瑟默（Lauren Athmer）一直不遗余力地帮助我们丰富并完成第 11 版的写作工作。

如何阅读本书

大多数书籍适合于从头到尾一气贯通地阅读。对于许多读者而言，这也是阅读本书的最好方法。然而，读者应该意识到，本书的各章对社会科学思维的考察乃是立足于不同的层次。基于该原因，本书的入手有各种出发点，依读者的需要而定。人们对有关周边世界的问题的探索性回答有一些方法，第 1 章"科学化的思维"就是把社会科学置于这样一个普遍的语境中。第 2 章"科学的要素"通过讨论概念、变量、测量、假设和理论，提出了科学方法的基本轮廓。

对于那些直接承担研究任务或理解研究的人来说，第 3 章"策略"是个很好的起点，因为它直接讨论了科学研究的具体细节。第 4 章"提炼"假定读者对第 2 章中说明的科学方法已经有了基本理解，在此基础上提供了额外的研究工具。第 5 章"变量和关系的测量"探讨的是测量的艺术和科学。

为了便于读者温习，每章开头都包含一个主题概要，章尾处则依出现的先后顺序编排了该章的主要概念。部分章节还会顺便提到书末附录中所包含的例子。当这些例子作为书中某一章的具体事例而使用时，读者可参阅附录，这将对你们大有助益。

附录 A 摘选了罗伯特·普特南(Robert Putnam)所写的一篇题为《调来调去：美国社会资本的奇怪消失》(*Tuning in and Tuning out: The Ftrange Disappearance of Social Capital in America*)的文章。本书频繁引用了该文，那些需要一个好的模型来生成研究问题的人应该细心阅读。附录 B 是一篇由托迪·多纳(Todd Donovan)、大卫·丹内马克(David Denemark)和肖·鲍勒(Shaun Bowler)合写的论文《政府信任：比较视角下的美国》。附录 B 跟第 5 章的回归分析那一节有关。

欢迎读者对本书提出意见，联系方式：Department of Political Science, Western Washington University, Bellingham, WA 98225, 或者通过电子邮箱：Todd. Donovan@ wwu. edu。

目　录

1

科学化的思维

Thinking Scientifically

为何要系统化?

　　有理判断和观点的角色

　　想象、直觉和习俗的角色

　　科学的每一次巨大进步都脱胎于新的大胆想象。

　　　　　　　　　　　　　　——约翰·杜威（John Dewey）

　　"社会科学"这个冷冰冰的字眼给人的印象是,一些机器人在统计实验室里把人类行为化归为毫无生气的数字和简单的公式。研究报告充斥着诸如"实证的""定量的""操作的""反向的"和"相关的"这样生硬的词语,没什么诗意。但我们将力图表明,对社会科学的这种老套看法是错误的。

　　与其他的认知模式一样,社会科学可以用于邪恶的目的,但也可以用来促进仁慈之士的个人理解。利用对现实的观察来检验思想,科学凭此使研究摆脱了成见、偏见和十足的混乱。因此,仅仅由于陈见而退缩不前,不是明智的做法:太多人接受了关于科学的错误陈见,因而把他们自己拒之于社会科学理解能力的门外。

　　在我们的文化中,**科学**一词涵盖了许多意义,有些人甚至认为它是宗教在现代的竞争者。在这里,我们的目的不是考察有关科学的所有纠葛,而是要找到一条通向科学思维的途径。为此,我们首先对比其他形式的知识,来看看对科学的某些描述。

　　首先,我们需要澄清一些会被忽略的困惑。科学有时被混同于**技术**,技术是科学在各种任务上的应用。小学课本在太空遨游图片旁附上"科学在前进!"的标题,助长了这种混淆。技术使太空遨游成为可能,它使用了推进力的研究、电子学和许多其他领域里的科学策略。太空船只从属于技术,探索模型才属于科学。

　　正如科学不同于技术,科学也不是某种具体的知识体系。"科学告诉了我们(比如)吸烟可致命",这句流行的话实际上是一种误导。"科学"不告诉我们任何事情;告诉我们事情的是人——在这个例子中,是那些运用科学策略调查了吸烟与癌症之间关系的人。科学作为一种思维方式和调查方法,我们不应把它看做存在于书本、机械和含有数字的报告中,而最好认为它存在于心灵这个无形的世界中。科学与问题的提出和回答方式相关,它是用于探索和观察的一套规则和形式,由那些希望获得可靠答案的人们创造。

　　另一个困惑是把某些特殊的人认作"科学家"。这种说法并不错,因为被这样称呼的人,实践的是科学的探索形式;但说某些人是科学家,而其他人不是,并不完全符合事实。虽然有些人精于用科学方法获取知识,但我们所有人都是科学思维方式的实践者。科学是一种探索模式,为全人类共同拥有。

当你更深刻地觉察到自己的思维模式时,你就会发现,我们每个人都有那么点"科学家"的意味。我们测量、比较和调整信念,获得对日常事务中的有关证据的理解,为下一步计划做打算,并找出与别人打交道的方法。最简单的游戏也牵涉到运用实际出现的数据来检验方法和策略,而这已初具科学的形态了。即便是为了给他人留下深刻印象而试穿不同风格的服饰,都包含着科学的要素。

我们有许多策略用于应付重大的现实问题——生命的不确定性,科学思维方法只是其中的一种。我们并不知道许多行为的结果。我们也可能不清楚某些压力,它们在微妙地或直接地、逐渐地或陡然地影响着我们。即便在尝试完成最简单的任务时,比如计划吃什么,我们也在做一些基本的盘算:哪些食物的味道好,哪些食物对我们有益。如果这样做还是太不确定,那么稍微深入的检验是个不错的主意:女王有她专属的品食人员,而我们这些人至少在看到某种汉堡时,也可以确定它早就卖出数十亿个了。

科学是一种思考和提出问题的过程,而非一种知识体系。我们有许多方式声称我们知道某事,科学只是其中的一种。在某种意义上,科学方法是一套标准,用于决定如何解决不同的现实观之间的冲突。科学为研究者提供问题研究的策略。科学为运用研究结果的人提供一种能力,使他们能批判性地评估如何提出和使用证据来达到结论。

在寻求理解方面,科学方法有许多竞争者。纵观绝大部分历史,对于许多人来说,获胜的是那些竞争者。对现实的分析一般不如神话、阴谋论、迷信和直觉那样流行,后者在它们试图预测或控制的事件发生之前使人有确定感,尽管事后很少如此。有时候,未被证实的信念会促发某种灵光一现的行为,或是让人在更好的时机来临之前谨慎地保持怀疑。确实,某些个人信念构成了我们生命的重要部分。但关键的是,拒绝分析如同自断其臂,而熟练的分析者则占得先机。

例子

作为一套问答程序的社会科学

长久以来,人们一直追问,国与国之间为何会发生战争? 该问题有几种不同的解答方式。在有些人看来,战争可被视为人类处境的根本构成部分。类似地,我们可以这样来回答该问题:世界上存在"恶",它加速了战争的发生。在这种意义上,战争就相当于"善良"国家为反抗"邪恶"国家而进行的自卫。这种观点的一个明显问题是:对立双方都认为对方是"邪恶的"。而且,我们如何测量"善""恶"并做对比? 另有一些人则强调国家领袖所扮演的角色。那些认为自己比对手更强的领袖(无论其想法是否准确),更有可能发起攻击。还有一些人则注意到,一个国家的内部及外部的一系列因素,共同决定了该国是否发动战争。

从社会科学的角度回答该问题,就是要使与战争原因有关的主张,能够得到多重观察的检验。有人可能会考察国际关系史,旨在评估领袖如何察觉其对手的力量,然后再利用这些观察来解释领袖们为何会发起战争。另外一种雄心勃勃的研究方案是这样的:搜集数百年来国与国之间全方位互动的全部数据,利用这些数据预测战争何时会发生,何时又不会发生。这种工作要求越来越多的问题得到系统的追问和回答。例如,何谓国家? 国家间何种程度的冲突才能算作战争?

来源:John Stoessinger, *Why Nations Go to War*, 11th ed. (Cengage, 2011); Correlates of War project at http://www.correlatesofwar.org/。

为何要系统化？

大多数的人类交流发生在小群体中，群体成员拥有共同的语言、大量的对周边世界的共同经验和理解，要达成彼此间的一致很容易，而在较为复杂的社会环境中则很难如此。家庭能通过故事和箴言的传承，在代与代之间传递智慧，而整个社会这样做却有麻烦。用最悲观的形式来表达，问题就是："要相信谁的故事？"理解周边世界、与其他人分享经验的需要，使系统的思维和探索变得至关重要。

社会因其戏剧性的事件而引人入胜，因此人们倾向于摒弃系统的理解，而习惯于描述、讲故事和做个人判断。尽管它们可能具有启发性，但通常作用有限，因为对生活所做的高度主观的描绘，对于发展共同理解和共同活动来说，是糟糕的基础。

要在各自经验的独特性造成的差异之间架起沟通的桥梁，这种复杂的任务需要运用训练有素的方式来获取知识。只有能加以运用的知识，才能成为推动社会发展的力量。社会知识要有用，必须是能交流的、有效的和有说服力的。

为了能**被交流**，知识的表达形式必须清晰。如果要把知识用于促发行为，它必须是有效的，这就要求有恰当的证据；还必须是**有说服力**的；它要适合于被提出的问题。"我认为气候变化是人造成的"，这类个人意见或许会令你的朋友，甚至亲戚认为，他们每个人都会对全球变暖造成影响。但这种个人意见无法影响其他人。然而，如果你能举证，当今大气层中的二氧化碳含量比过往 650 000 年间都要高，因而全球气温随之升高，那么，你就有了一个更具说服力的论证，因为你将判断与现实的测量关联起来了。[①] 为阻止全球变暖引发重大灾难，人们已提出各种举措。那些拥护这些举措的人们，即使不喜欢你，但依然会发现上述论断

---

① 参见 Climate Change 2007： *Synthesis Report for Policymakers* (Valencia, Spain： 2007)。Intergovernmental Panel on Climate Change，P. 5。

对于批判性地考察人为增加的二氧化碳的主要渠道，是条有力的线索。这种知识建立于证据之上，以清晰的、可传达的形式表述，能促进对环境的改造。

积累知识以避免过去所犯的错误，总会孕育出文明化的人性。人们能记录智者的格言，这为文化的发展做出了极大的贡献。但无可置疑，存在另一种积累方式——建立受证据支持且可以被他人复核的陈述。对陈述的复核，需要当事人准确地知道陈述的是什么，如何检验陈述。这是科学事业的一个主要组成部分。第2章关于科学方法那一节所讨论的步骤，是完成这类认知过程的指南。

有理判断和观点的角色

关于系统思维的所有这些带有模糊预示性的说法，并不是要排除有理判断、观点和想象。毕竟，在任何知识探索中限制心灵的能力，都不怎么明智。

有理判断是人类理解的主要组成部分。有理判断与证据之间有相当程度的关系。因为人们难免在缺乏完整证据以供决策的情况下采取行动，所以"判断"这个词语很重要。判断意味着决策，在该过程中，心灵的所有能力都被调动，以使可资利用的知识发挥最大效用。

社会科学并不排除判断在研究过程中的角色。事实上，在科学证据的搜集和评估中，判断扮演着重要的角色。我们可以观察到，截至2007年，美国人中收入最高的那1%的富人所积累的财富已超过全部国民收入的23%——是1980年其所占份额的两倍。从1980年到2007年，这部分人的收入增长了256个百分点。普通美国人的收入同期只增长了21个百分点，尽管这一时期美国工人的生产效率比以往任何时候都高。不过，把该证据与不平等、贫困、财富、阶层、生产力、经济发展以及其他广泛的社会问题关联起来，则是另一回事。我们需要用逻辑和良好的判断来解释这个证据。②

有理判断是系统思维的第一个部分。"选举日的前夕若是满月,则能促进自由派投票",这个命题可能是正确的,但它并没有反映出多大的有理判断,因为既无证据也无逻辑上的关联把两个事件连接起来。有空闲又有资源的研究者可以考察这样一个命题,但在这个被时间紧张、资源匮乏、社会分析占用的都是稀缺人才这些严重问题充斥着的世界中,这样的研究可就没什么意义。③ 尽管那个命题可能合乎直觉,但即使是直觉也通常与经验及证据有某种关系。

观点在科学分析中同样扮演一个必不可少的角色,因为所有的探索努力,都源自某种个人兴趣。只有对结论感兴趣,人们才会提出问题。此外,不同的人观察现实的角度必然会略有不同。观点不会被探究消除,但能加以控制,不致使其变成十足的幻想。对于研究者而言,有助于减少主观观点影响的一种方法是,留意自己的价值倾向和观点。

这里用得上柏拉图的一句名言:"认识你自己。"有些人自诩他们是**客观**的,他们在研究中隐藏了自己的观点,而实际上正是这些观点悄然地建构了他们的结论,这些人对优秀的社会科学事业造成了大量伤害。没有人是真正客观的,对于社会本质的看法当然也不是客观的——其中掺杂了许多个人利益。

从根本上说,优秀的科学会自察探索中的价值观所造成的影响。如果研究方法和用于支持结论的证据被清晰、充分地陈述,任何人都能检查结论与证据的匹配度。如果对研究过程的有效性抱有怀疑,我

---

② Jacob Hacker and Paul Pierson, *Winner-Take-All-Politics* (New York: Simon & Shnster, 2010). "The Rich, the Poor and the Growing Gap Between Them: Rich Are Big Gainers in America's New Prosperity," *Economist*(June 15, 2006). Thomas Piketty & Emmanuel Saez, "The Evolution of Top Income Groups: A Historical and International Perspective." *NBER working paper 11955* (January 2006). 这些研究表明,富人和穷人在收入上的差距自 1921 年后达到最大,而且在继续拉大。

③ 不过,警察和酒吧侍者会告诉你,事实上,满月之夜会发生相当奇怪的行为,这个假设并不完全是荒谬的。

们还能够对研究本身进行复查，或用技术化的术语来说，就是"复制"。这一特征把科学与个人判断区分开来，并使科学免于个人成见。

没有人能够复查所有发生的事情，譬如心灵检视内在的感受、对经验的知觉和思维进程。科学把探索步骤带出心灵，引入大众的视野中，使之作为知识积累过程的组成部分而被所有人共享。

想象、直觉和习俗的角色

心灵有许多认知方式，但都不如在想象中那么巧妙却又那么神秘。仅凭一跃就能跨过高高阻碍的，只有心灵的飞跃。但是，想象一条关于现实的可能命题是一回事，而着手去想象证据，则完全是另一回事。

<u>科学的实质在于找出我们能观察到的事物间的关系。</u>提出一种关系，是一种创造性和想象性的活动，然而，这可能需要大量系统的幕后准备工作。用现实检验命题，牵涉到不同层次的想象——主要是一种能力：从那些源于现实的、零零散散的信息片断中，找到一条信息，它对于检验某个特定观念的可信性而言是必不可少的。

正是在探索发现领域，科学与想象结成了亲密伙伴。自然科学的历史中到处都是这类例子，既包括认识到地球围绕太阳运转（而不是相反），也包括发现物质是由微小的原子所构成的。其中每项发现都是由那些大胆而富有想象力的人做出的，他们参照现实世界中的证据，不怕挑战惯常的信念结构。这些都是大尺度的发现，包含着同样的努力：步出对人类行为所做的公认说明，想象其他的可能性，并合理地运用证据来检验它们。女性主义者在考察男女区别的传统看法时，就是这么做的。要真正富有想象力，有点类似于试图摆脱重力的束缚——启动是最难的。虽然到现在为止，社会科学中很少有能够与自然科学中的丰功伟绩相匹敌的发现，不过把科学运用于社会关系，只

是最近的事,而且是复杂得多的工程。④

从基本层次上说,正是有了好奇心,想要发现无序中的有序,才有了科学探索。看到一系列令人困惑的事件、事变和行为,我们急于了解为什么某些事发生了,事件产生的原因是什么。社会科学能满足我们的好奇心,使我们获得理解。从另一层次来说,社会科学制造可以交流的、可以用来把我们的理解解释给他人听的知识。

无论我们对科学分析所要求的审慎思考持什么样的看法,都仍旧无法完全把握"有个灵感(having an idea)"这一奇妙的过程。科学绝不是排斥直觉和想象的一个体系,相反,它是一套程序,使直觉和想象在人类智力允许的范围内尽可能变得富有成果和创造性。即使是最奇妙的观念,其作用也来源于它与当前的或潜在的某种现实之间的关系。科学是一门现实检验艺术;形成观念并从有关现象中引出可观察的证据来检验它们。

步出通常模糊不清的人类关系,构想其他的可能性,需要一种异乎寻常而又必不可少的想象力。说来遗憾的是,就通常的社会和政治经验而言,大卫·休谟(David Hume)的观察或许是正确的:"(人们)一旦习惯顺从,就不会想到步出他们及其先祖踏出的道路,步出这条被许多急迫且明显的动机所限制的道路。"⑤然而,正是在对社会、政治布局的理解和革新上,世界需要合理的想象的最佳运用。在缺乏想象的情况下理解社会现实,我们就会困在习俗这条老路上,就会陷入

---

④ 也许用科学考察社会习俗的最早努力之一,是英国科学家弗朗西斯·盖尔顿(Francis Galton)在 19 世纪末做出的,他检验的是祈祷的灵验。他观察到,每天在各地教堂里都有祈祷皇室长命百岁的祷告,他把他们的寿命与贵族们的和各种职业人士的寿命做了比较。他发现,排除意外或暴力导致的死亡,并只涵盖那些寿命超过 30 岁的人群,皇室成员的平均寿命是 64.04 岁,这在他观察的各类人群中是最低的。不过,盖尔顿确实注意到,除了满足一些需求外,祈祷还有许多个人用途。而且,如果不做这样的祷告,皇室成员没准更短寿,谁又知道呢。P. B. Medwar, *Induction and Intuition in Scientific Thought*(Philadelphia: American Philosophical Society, 1969), pp. 2-7.

⑤ David Hume, "Of the Origins of Government," *Political Essays*, ed. Charles Hendel (New York: Liberal Arts Press, 1953), p. 41.

窒息人类潜能的偏见之中。

同样,我们也许会局限于一些徒劳的行为习惯。英格兰曾经有个惯例:当众绞死摸包贼以震慑其他人的偷盗行为。然而,有人观察到,比起其他公开事件,在摸包贼被施绞刑的场合中,被摸的包更多。这种惯例存在的时间大大超过了社会科学那一丁点儿短的发展历史,其实它远不该存在那么久的。

习俗并非全然是坏事,因为它可能包含长期以来的教训,学自对现实的体验,且经常是不愉快的体验——在不严格的意义上,习俗算是科学的。习俗经常在大量的,甚至激烈的压力下把社会群体团结在一起。不过,任何社会科学的任务都必须是用适合更人性化的个人发展与表达的模型,去理解事物的存在方式,以及革新社会生活的元素。在追求理解时所使用的工具,不只是科学及其用于专业探索的程序,还包括一些直觉:生活能过得比现状更好,某种行为模式可能并非不可避免,微不足道的行为交流或许是向更大的可能性和潜能迈进的关键。

任何理解工作所采用的方法,都牵涉到思维与调查之间的张力。连接这两个要素的方式是各种各样的。神秘主义者察觉到一种内在的真理,用一些"征兆"来解释其洞见的有效性。历史学家从过去的历史中寻找模型,并认为它们可以用于解释事件的意义。比如,欧洲"中产阶级的崛起"成了历史学家用于解释的主要概念。而具有科学精神的人努力做到比神秘主义者更具体,比历史学家更精确,他们关注研究的指导思想、调查中的重要数据,以及依靠实在现象检验心理建构的测量方法。

在后面几章,我们将逐一考察建构科学理解的步骤。正如你将看到的,这种技术需要更多的是常识,而不是技术知识或精心准备。

引入的概念

科学(science)

技术(technology)

可交流的知识(communicable knowledge)

有效知识(valid knowledge)

有说服力的知识(compelling knowledge)

有理判断(reasoned judgment)

观点(opinion)

客观性(objectivity)

想象(imagination)

直觉(intuition)

习俗(custom)

讨　论

1. 非科学的理解模式有何实例? 如何用这些非科学的模式来解释下述问题?

- 为什么某些国家比另一些国家富有?
- 为什么政治革命发生在某些地方而不是在其他地方?
- 明年的世界职业棒球大赛谁会夺冠?

2. 社会科学知识如何比其他的知识形式(比如直觉、习俗)更有效力? 其缺点和危险是什么?

3. 科学知识如何用于改革或改变社会?

4.为何想象对于社会科学至关重要?

5.想象的运用对于社会科学来说,是否比对自然科学(如化学、生物学)更重要?

2

科学的要素

The Elements of Science

　　（科学探索）起始于我们发明的一个关于可能世界的故事,随着推进,我们批判和调整它,最终尽可能使之变成一个关于现实世界的故事。

　　　　　　　　　　　　　　　　——P. B. 梅达沃（P. B. Medawar）

我们已经尝试着参照其他类型的思维讨论了科学思维，指出了我们为什么应该对科学感兴趣。现在该是我们了解科学构成的时候了。

科学策略的要素本身很容易理解。它们是概念、变量、假设、测量和理论。这些要素的组合方式，构成了科学方法。理论的功能是引导出这种方法、赋予它意义，这是通过帮助我们解释被观察到的现象来实现的。首先，我们试着摆正每个要素的位置。

概念的起源和功用

假如清除你心中所有的词语和其他符号，以未开化的心灵面对世界，你会做什么？没有身体的支撑，你可能什么都做不了。不过，生存的必要性毋须多谈，心灵的最初行为就是区分能吃的和不能吃的，接着是区分冷热和敌我。这就离"食物""庇护所"和"温暖"这类概念的形成不远了，也离用词语或言辞来符号化这些概念不远了。这样就粗糙地出现了语言这个工具。对真正有用的概念和范畴的探索已经起步了。语言就是大量**概念**的集合，这些概念包括事物、感受以及观念的名称，它们是人们在彼此互动和与环境的互动中产生或习得的。

有些概念和分类可能不是很有用。只用一个名称来概念化所有的植物，就会阻碍对可食用的、有药用价值的以及有毒的植物的深入区分。有些概念与经验的关系太含糊：英语中只有一个词语表达"爱"这种外延广泛而复杂的情感，而希腊语中却有三个概念：eros 表示浪漫的情爱，agape 表示一般化的慈爱感情，filios 表达的则是家庭之爱。英语在处理"爱"这个概念上的不足，以该词语在我们文化中的应用的种种不方便，影响到每个人的经验。

注意，现实检验正好构成了事物的命名过程，它是存在物与人之间最基本的相互作用。环境刺激与心灵沉思之间的这种互动，构成了我们试图掌握的、以用于分析的那类思维。

数千年后，我们仍然要面对一个事实：命名是一个困难的过程。

本质上,语言源于约定。例如,家庭(部落、民族、国家和世界)中的你、我和其他成员约定,把天空中闪烁的东西称为星星。遗憾的是,这些约定可能不是很精确。就通常的用法来看,词语"星星"涵盖大量的对象,有大有小、有热有冷、有固态也有气态。

用精确的名字称呼事物,是理解的开始,因为它是心灵把握现实及其众多关系的关键。认为生病是由于糟糕的精神状态引起,还是由于放纵时被细菌感染所致,两种看法有重大的区别。"细菌"这个概念依附于一个概念系统,后者又关联到一个有效的治疗体系,即抗生学。

把握语言的意义,即使有点草率,也是一个深奥、微妙的过程。例如,"种族"这个抽象的概念表达的是团体身份的差异。当赋予种族范畴或属性以名称时,命名的问题、影响力和困难性就显而易见了。研究者经常采用简单的种族分类,用"白人"和"非白人"(或"盎格鲁的"和"非盎格鲁的")来给人命名。这种划分尽管是通行的做法,但抹杀了世上大部分人之间的区别。此外,名称本身也能引起复杂的问题。想想在美国有各式各样的名字用于指称美洲黑人(黑鬼、美洲黑人、有色人种、黑人)或美籍西班牙人(拉丁美洲人、拉丁美洲女性、美籍西班牙人、有色人种、拉丁美洲人、墨西哥美洲人、中美洲人、波多黎各人,等等)。

命名这个过程也能给命名人带来重大的影响力。种族这个概念的特性不容易被命名。此外,种族名称是对不同人的不同定位。至于你自己运用社会科学思维的表达,你自己自然是要精确对待概念的,但不要对你的新知识在改变生活、社会和文明方面的功用太过自信。

恰当命名事物的重要性,再怎么强调也不为过。17世纪英国的政治学家托马斯·霍布斯(Thomas Hobbes)认为,恰当命名事物对于政治秩序的建立至关重要,他甚至认为这是君主的一个核心职责。詹姆士国王知道个中利害,命人对《圣经》做一种官方权威的诠释,以平息那些在圣经文句用词的精确意义上的激烈争论。

与现代关联更紧密的是下面这个例子:乔治·奥威尔(George Orwell)在他的反乌托邦小说《1984》中描绘了一幅景象:一整套官僚

机构投身于语言概念的重构中,以此提升极权主义社会的影响力。近来的美国政治史中,美国总统试图通过重新定义军事成功这一概念,来消除有关他们发动不受欢迎的战争的争议。这些事例旨在让你意识到,对概念意义的修改,可以影响到人类理解和社会控制的基础。

然而,到你对科学方法的精通足以做出丰功伟绩之前,还得等段时间。眼下的关键是,对于科学目的来说,概念是:(1)尝试性的,(2)基于共识的,(3)其作用只能局限于把握或分离现实中的某些重要的、可定义的方面。

概念与科学有何关系?如果你在婴儿身边待过一阵子,你可能注意到,他们经常试着指向各种物体并给它们命名来显摆。尽管这个动作会重复 10 到 15 遍,有点烦人,但他们对这种练习感到自豪,而且这是有道理的。下一步就是造句了。首先是命名事物,符号化它们而不是仅仅指着它们,接着就是改变周遭现状,从而能"制造"他们需要的事物。安德鲁·赫文的第一句话是对他姐姐艾玲说的。他坐在小手推车里说:"艾玲,推推!"艾玲照做了。

你现在看到的内容是一种努力,它试图把概念联结起来,以拓展你的理解。人们说成千上万的话,只是为了使现实做出某种有益的回应。大多数人不像安德鲁那么幸运,第一次开口说话就能产生效果。通常而言,概念容易混淆,关联也很模糊或不可靠,更不用说讲话人可能不清楚听者的理解力和动机这个问题了。

通过联结概念,思维和理论得以发展。思考一下皮尔·普鲁东(Pierre Proudhon)的名言"财产就是偷窃!"。作为一个概念,**财产**表示一种观念:个人可以声称土地或其他资源为他所独占。当然,偷窃意味着不正当地攫取某物。普鲁东用动词"是"把两个概念联结起来,旨在传达这样的一个信息:私人财产制度等于否认人类对自然资源的共同所有权。他认为,私人专有财产是不正当的偷窃行为。尽管普鲁东是从哲学的高度来揭示出两个概念的关联,但那句最朴实无华的话就能表达出同样的观点。

科学是一种方法,通过参考可观察的现象来检验概念的表达以及它们之间的可能关联。我们下一步就来看看科学家是如何把概念转变为可观察之物的。当概念被定义为变量时,就能用于构造一类特殊的语句,即假设。

何为变量?

变量是一物之名,能对其他某物的一种具体状态施加影响,或者是被后者影响。热量和压力都是可以使水沸腾的变量。年龄在投票中是一个较为重要的变量,不过,还有许多其他更加重要的变量:社会经济地位、父母的影响力、种族、性别、居住地等。

此外,变量还是一类特殊的概念,其中蕴含着对程度或差异度的看法。温度就是一个比较容易理解的例子,它包含了对热量多少的看法,也就是对程度的看法。顾名思义,变量指称的是变化着的事物。社会科学感兴趣的焦点是那些牵涉变化的概念,是探讨一个现象的变化何以能说明另一现象的变化。

举个例子,考虑一下宗教与投票的关系。首先,宗教不同于温度这样的变量。尽管可能存在"虔诚度"这种东西,[①]但我们更可能的是根据宗教派别,比如佛教、基督教和伊斯兰教,来谈论宗教这个概念中所包含的变化。人们认同的宗教存在着实质的变化。例如,在 2008年总统大选时,发布的民意调查数据被用于评估宗教在选举中的重要性。当时民主党总统候选人贝拉克·奥巴马(Barack Obama)对阵的是共和党候选人约翰·麦凯恩(John McCain)。一个媒体公司联盟收集的数据发现,高达 78% 的犹太选民支持奥巴马(对比而言,麦凯恩为

---

① 根据上教堂的频率这样的态度和行为表现,人们尝试用各种方式来测量个人的"虔诚度"。例如,见 Lyman A. Kellstedt & Mark A. Noll, "Religion, Voting for President and Party Identification, 1948-1984," *Religion and American Politics: From the Colonial Period to the 1980s*, ed. Mark A. Noll (Oxford, England: Oxford University Press, 1990), p. 347。

21%），而 65% 的白人新教徒把票投给了麦凯恩（相比之下，奥巴马为 34%）。54% 的天主教徒投给了奥巴马，而 45% 投给麦凯恩。声称自己无宗教偏向的人中有四分之三投票给了奥巴马，73% 的"其他"宗教信仰者支持的也是奥巴马[2]。诸如这样的数据有助于我们对变量宗教与变量投票行为之间的关系做出有意义的评价。

尽管大多数变量处理的是程度的差异，如温度的差别，或处理多样性的差异，比如宗教，但有些变量更加简单，它们处理的是最基本的变化：在场或不在场、有或没有、存在或不存在。例如怀孕，不存在多少的问题。要么有，要么没有。

把概念转换成变量，尽管看上去似乎枯燥无味，却是一个极富创造性的过程，而且经常引起有趣的问题。举个例子，考虑一下"时间"这个普通的变量。早期希腊人为概念化这个变量而绞尽脑汁。似乎显而易见的是，时间应该有个开端，为此哲学家力图推算出开端起于何时。然而总会跑出一个令人困惑的问题：在这之前发生了什么？

柏拉图和亚里士多德都曾有过这样的念头：时间可能根本不是线性的，也就是说，它可能没有开端，没有前进，也可能没有终点。它可能是周期性的！对于习惯线性时间观念的我们来说，这种看法似乎很疯狂，但他们两人想的是，宇宙时间可能有点像生理周期——这是在自然界随处可见的规则变化。因此，我们最好是把历时的时间视作事件的演变结构，事件在其中依次发生，直到整个模式结束，然后开始下一轮的循环。亚里士多德评论说，他自己很可能"生活在特洛伊城陷落之前，也在陷落之后，因为，当命运的车轮开始另一轮循环时，特洛伊战争将会重演，而特洛伊城会再次陷落。"[3]

刚入门的学生在从事社会科学研究时，很少卷入这类烦心的概念

---

② CNN. com 2008 年选举报告. U. S. President Exit Polls. 数据于 2012 年 6 月 30 日查询相关网站而得。

③ Stephen Toulmin & June Goodfield, *The Discovery of Time* (New York：Harper and Row, 1965), p. 46.

问题,但并不能假装这些问题不存在。例如,变量人格,据说在专业文献中有四百多种定义,这一定程度上是因为人格是一个复合变量,包含大量其他的变量:阶级、地位、自我概念、种族、社会化,等等。人格这一变量的复杂性迫使社会科学家采用了这样一个尴尬的定义:"人们在后天习得的、相对稳定但又变动的、心理和社会行为倾向的独特系统。"④

即便社会科学家都认同对某个变量的表述,也不意味着该定义是永恒的真理,而只是意味着,谨慎思考过它的一些人都认为,这个定义似乎有助于回答某些问题。此外,研究者常常为了方便而决定采纳对某个变量的某一种定义。在美国,按照惯例,党派认同是通过人们对调查问题的回答来测量的,这些回答把选民置于一个连续统中,显示选民对于两个主要政党的认同度。该连续统包含 7 个类别:

←强民主党人士—弱民主党人士—偏民主党的无党派人士—无党派人士—偏共和党的无党派人士—弱共和党人士—强共和党人士→

这里假定政治无党派人士居于政治连续统的中心。但真实情况可能是,许多"无党派人士"认为自己是激进分子,并不处在中心。有些人可能完全无党派倾向或不关心政治,因此他们认为自己压根就不应该用政党来归类。另外,某些"有偏向的"无党派人士从投票行为来看,与"弱"党人几乎一样有党派性。⑤尽管对变量的这一定义不可能完美地反映党性这个概念背后的实情,但它仍有预测力。相关问题已被调查了数十年,因此研究者可以评估一段时间内在党性问题上的趋势。由于在这个连续统上对无党派人士进行范畴化,其困难已经变得明显,因此出现了对党性的新定义。我们应该详细地

---

④ Gordon DiRenzo, *Personality and Politics* (Garden City, N. Y. : Anchor Books, 1974), p. 16.

⑤ Russell J. DaHon, *The Apartisan American* (Los Angeles: Sage, 2013). 作者指出,美国选民总体上越来越不具有党派性,但是,受过教育的"无党派人士"的政治参与度与特定党派的政治参与度通常是一致的。

阐述如何把概念转换成变量,忽视这个问题是掩耳盗铃的做法,只会使我们深陷语言的泥沼之中。

语言中库存了丰富的概念,为我们联结变量来解释事件提供了大量的可能性。数百年来,人们一直手忙脚乱地梳理有意义的关联。科学是一种略微高级的处理形式,它尝试找出这些关联,并尽可能仔细地检验它们。在医学中,人们花了几个世纪才分离出许多影响疾病的变量。直到最近医学才成为一门成熟的学科,能利用极为有效的血液化学分析来诊断许多疾病。医学的发展史显示出其成熟经历了一个漫长的过程,其中要分离和消除大量不重要的或没什么影响的变量。在西方世界,医生们越来越多地接触到一种在中国被发展成具有很高艺术造诣的古老医学体系(中医),所以现在我们的医学家们力图弄清针灸为什么可以治病。我们必须考虑一套全新的变量,建立新的概念关联,克服习以为常的理解所造成的阻力。

遗憾的是,就社会科学来看,我们很少弄清该如何奠定理论结构的基础来解释社会行为。许多社会科学的新人看不出(尤其在面对厚厚的入门课程教材时),在社会理解这方面所取得的成果背后蕴藏着的抗争与成就、尝试和可能。

目前,社会科学包含许多分支(例如,政治科学、社会学、经济学、心理学、教育学),所有这些学科都在忙于定义、观察和关联行为子系统中的特殊变量。社会科学家正在探索大量可能的变量关联。正在出现的各种已被检验的零碎知识,等待着跨越这些探索界线的整合。由于我们迫切需要全面的社会理解,因此这些努力必定会越来越多,但有关尝试还太少。

量化和测量:转概念为变量

我们在前面提过,社会科学家把概念转换为变量。这样做是为了用一种可观察的形式把概念表达出来,使之包含对程度或差异的某种看法。接下来的问题是:如何确定程度或差异? 答案分为两个步骤:量化和测量。

　　"量化"意味着为某个事物设定标准量,并贴上标记。用这种方式表达抽象的概念(如长度),有可能为观察提供共同的参考。有些量化的起源相当奇怪。例如,古希腊人需要一种衡量距离的标准,他们就以赫拉克勒斯的足长为长度标准。该足长曾与腕尺竞争长度标准,后者是某个人的前臂长。腕尺的问题是,人们根本不可能就标准的前臂长度达成一致——有人说是 17 英寸,有人却说是 21 英寸。所以,我们现在不再使用腕尺这个长度标准。

　　分离出标准化的单位,有助于描述和分析。当加布里埃尔·华伦海特(Gabriel Fahrenheit)形成了温度高低的观念后,他就能对热和冷做更有用的描述。如果水温是 32 度而不是 33 度,其中就存在有意义的差别,而词语"冷"和"更冷"则没办法很好地把握这差别。

　　在社会科学中量化有两种形式:不连续的和连续的。**不连续量化**包括计算事物的在场与不在场,也包括计算属性的差异,其前提是差异可以以类别的形式出现。投票支持某候选人是不连续的、特殊的行为,可以用常规的方式计算。个体的性别是一种属性,可以被记为是男性、女性或跨性别者(transgender)。

　　不过,有些量化必须把握连续变异的观念。年龄是一个**连续量化**的例子。我们确实可以用年数计算人的年龄,但年龄的量化,表达的是演化着的东西。今天,本书的一位读者是 25.72 岁,数周后她就 26 岁。连续量化处理的不是离散的事项,而是处理年龄、长度和时间这样的维度。连续量化的标志是,有关变量可能在一数值范围内取任何值,而在不连续量化中,只能出现整数值(如计算羊的数目)。

　　每个变量的量化都有其独特的问题和潜能。成熟科学的显著特点之一是有一系列可量化的变量,能为有关领域的工作人员提供帮助。杰出的科学家的一个特征是,他们有能力找到某种方法,以一种可靠的和有意义的方式量化那些重要的变量。经济学用金钱作为分析单位,走过了漫长历史(虽然经济学家和其他人一样,有时也会混淆金钱和价值)。许多有效的经济指标,如国内生产总值或消费价格指数,都建基在金钱之上。

遗憾的是,其他的社会科学没有这么容易量化的单位,用来测量权力或表征心理压力、异化、幸福、个人安全,还有价值。不过,有创造力的科学家找到了一些多少有效的方法,把握到这些变量的一些可量化的方面。这些领域里的任何一本教科书中都包含数十种例证,表明如何把概念转换成可量化的变量,我们在下一章做一些介绍。量化的重要性在于,一旦能够被量化,我们就有可能做更精确的测量。

测量不是我们能选择做或不做的事,它内含于各种分析性的讨论中。如果你持怀疑态度,那在下次交谈的时候聚精会神地听听,看看你对那些包含测量要素的词语的依赖性。"民主党人一般热衷于在卫生保健领域发挥公开作用",这样一个简单的政治陈述都包含几种测量。动词"热衷于"意味着程度上的差异,"公开的"和"卫生保健"均有几种意思;"民主党人"是一种分类。修饰词"一般"试图限定这种测量,指出这并不是所有民主党人的一个普遍特征。

如果数量能被确定,测量就会容易得多。最明显的测量处理的是多少的问题:有多远、多少钱,等等。有些牵涉到多少的问题不大容易测量,比如民意。在把对问题的回答当做可量化的分析单位时,粗糙的调查方法给回答者提供的只是"被迫选择",把意见分为赞成或反对。在这里,意见是作为不连续的、绝对的变量被量化的——"你是赞成还是反对?"民意调查通常是以此为基础的。这么简单的测量无疑会掩盖民意的强烈程度。在许多政治问题上,可能有少数人在一种立场上持强烈的态度,而多数人不冷不热地持另一种立场。一些民意调查在处理这种情况时,使用了五个范畴而不是两个:

强烈支持　支持　不支持不反对　反对　强烈反对

只以多数人的情感作为行动基础而不考虑强烈程度的政治体系,会给自身带来许多麻烦,就如美国在伊拉克战争时的做法一样。当布什总统命令在 2003 年 3 月 20 号发动侵袭时,最初支持战争的公众很多,但其中大部分反应不怎么热烈。不超过一年,大部分人主张停战。战争发动后过了六年,看法颠倒了,绝大部分人反对战争,并声称不值得开战。[6]

表 2.1　对 2012 年共和党总统候选人的感受的测量

候选人	平均评级 百分比	不能按制度进行归类的人 百分比
所有的调查对象对候选人的评级		
Mitt Romney（米特·罗姆尼）	50.4	23
Tim Pawlenty（蒂姆·波伦蒂）	48.4	67
John Huntsman（约翰·亨茨曼）	47.9	84
Ron Paul（罗恩·保罗）	46.3	34
Michele Bachmann（迈克·巴赫曼）	45.6	55
Rick Santorum（里克·桑托姆）	43.9	63
Newt Gingrich（纽特·金里奇）	42.7	17
共和党的调查对象对候选人的评级		
Tim Pawlenty（蒂姆·波伦蒂）	68.1	63
Michele Bachmann（迈克·巴赫曼）	65.8	57
Mitt Romeny（米特·罗姆尼）	63.1	15
Newt Gingrich（纽特·金里奇）	61.9	14
Rick Santorum（里克·桑托姆）	60.6	60
John Huntsman（约翰·亨茨曼）	58.2	88
Ron Panl（罗恩·保罗）	56.5	33

来源：昆尼皮亚克大学民意调查，网址：http://www.quinnipiac.edu/institutes-and-centers/
polling-institute/national/release-detail? ReleaseID=1564. 2012 年 6 月 15 日查阅。

---

[6]　2011 年底的 CNN 民调显示，只有 29% 的人说他们支持战争，68% 的人则反对战争。而同年底的 CBS 民调则显示，只有 24% 的人说值得开战。相反，在 2003 年 4 月，75% 的人回答说值得开战。结果见 www.pollingreport.com/iran.htm. 2012 年 6 月 15 日查阅。

例子

作为变量的宗教和虔诚

宗教是一种复杂现象。它可以指某种团体身份,也可以指一种个人情感。基于自身的成长方式或者所做的选择,人们便可认定自己是否隶属于某一特殊的宗教。"如果有的话,那么你的宗教是什么?"回答者可随意回答。回答的结果便是一个变量,它可根据一种个人的、主观的宗教感加以测量。最常见的回答有:"天主教""浸礼会教徒""不信邪""基督教"。还有一些人则给出了许多不同的回答,这些回答都界定了他们的个人宗教。

被定义为某种宗教归属并不必然意味着某人就虔诚信教。一个人有可能披着天主教徒的外衣,但从不参加弥撒,也不相信教会教义。虔诚是一个与宗教不同的概念。我们如何将它转化为变量? 一种方式是就人们的行为和信念(这些行为和信念被认为是对虔诚和宗教的反映)问一些问题。某一项研究对人们提出这样的问题:"你相信耶稣是上帝的儿子,还是相信他不是上帝的儿子?"这个问题或许有助于我们测量基督徒的虔诚度,却不能测量犹太教徒、锡克教徒及其他一些非基督徒的宗教信仰。一种应用更广的测量会询问人们参加宗教服务的频率,以及宗教在何种程度上对他们的日常生活提供指引。如何对虔诚进行最佳的测量? 学者们意见不一。但是,他们的测量容许我们检验宗教认同及虔诚如何与人类行为相关。

来源:American Religious Identification Survey(ARIS)2008. Barry Kosimin and Ariela Keysar, *Principle Investigators*. Trinity College, Hartford, CT.

测量偏好的强度,更有创意的方式是用程度来测量意见。有些调查让人们用"情感温度计"上的刻度来评估候选人或政党:0 代表否定,50 代表态度中立,100 代表肯定。为了更精准地揭示民意情况,我们还打算考虑到底有多少人能够根据刻度将某物归类。[⑦]

考虑一下 2011 年民众对 2012 年共和党总统候选人提名有关的"情感温度计"调查问题所做的回答。如表 2.1 所示,米特·罗姆尼在全部调查对象眼中得分最高,但是临近竞选时,别的候选人得到共和党投票者更多的支持。表 2.1 还显示,蒂姆·波伦蒂和迈克·巴赫曼在那些能够对候选人进行评级的共和党人中,要比罗姆尼更受欢迎,不过,罗姆尼名声更大。罗姆尼赢得了提名。

变量的可靠性和有效性

相较于含混语句中的模糊用词来说,恰当构想和实施的对变量的量化测量,能更有效地详细表明差异和程度。不论我们决定怎么测量变量,都希望找到一种计算方法,即便是其他的研究者使用,也能产生可靠的结果。

例如,我们决定问一些随机抽样选出的回答者,他们是"喜欢"还是"讨厌"总统(因此是二选一的强迫选择),以此测量"总统的民意支持"。我们可以预期,其他的调查者在下一天使用相同的测量方法,问数量相当的随机样本,将产生相似的结果。

同时,我们可以问一辆公共汽车上遇到的前 4 个人,他们对总统"有何看法",然后通过对他们回答的个人印象来评估总统的民意支持。而其他人换一天在同一辆公共汽车上采用相同的测量方法,可能产生完全不同的结果。答案可能是含糊的,而影响到答案解释的价值观可能也有差异。

如果不同的人对变量的测量产生相同的结果,那么这种测量就具

---

⑦ 赫伯特·阿瑟讨论过"不表态(nonattitndes)"的问题,参见 Herbert Asher, polling and the public: what Every Citizen should know, 7th ed. (Washington, D. C.: Congressional Quarterly press 2007),第 2 章。

有可靠性。强迫选择式的问题很可能产生一致的结果，因为使用相当样本量的每位调查者必须计算"喜欢"和"不喜欢"的人数，来测量民意支持。然而，与公共汽车上的人进行开放式的讨论，需要调查者解释可能（或可能不）反映民意支持的各种评论。这类回答是有意义的，甚至就某些方面而言，比强迫回答更有意义。但是它们不大可能就总统声望这个问题提供一个可靠的答案。

　　理论上对变量测量方法的关注可以做到很细腻。我们使用的每种测量方法，都被假定很好地反映了一个量化的变量背后蕴含的抽象概念的真实情况。如果一种测量方法"做到该做的"，⑧就是有效的。一种量化的测量方法越能反映研究关注的底层概念的定义，它就越有效。社会科学的困难之一是，从来就没有明确的方法用于直接评估有效性。举例来说，智商测试是许多试图量化智力的调查者使用的或许可靠的测量方法。但是，这种测试对于测量智力这么一个丰富的、变化多端的、有影响力的概念，能达到多大程度的精确性，永远是一个有争议的问题。智商测试可能可靠，但是否绝对有效？有些人在参加标准的智商测试时更有经验，其得分就会虚高。如果是这样，那么智商测试的有效性就相当有限。

　　构想不当的测量是危险的，正是因为它能带来太大的影响。一个不幸的、令人反感的例子是，美国将"尸体计数"当作关键手段，用于"推进"它在越战上的努力。战争的新闻广播报道通常是军事数字，说每天有多少"敌人"被打死。言下之意是，打死的敌人越多，就能越快赢得胜利。这种量化的测量有两个错误。

　　第一，它并没有测量某些决策者宣称它已测量的东西：在实现战争的总体目标中胜利或失败的数量。由于战争不只是军事冲突，它至少还是一场政治和心理较量，尸体计数在很大程度上不能作为胜利的一项指标。它们或许能让军方知悉一些敌情，但这种方式会在越南人

---

⑧　Edward G. Carmines & Richard Zeller, *Reliability and Validity Assessment.* Sage University Paper Series on Quantitative Applications in the Social Sciences, no. 17(Beverly Hills, Calif. : Sage Publications, 1979).

民和美国人民那里产生不利的政治和心理影响。越南人民开始注意到,无论这场战争目的为何,被美国打死的主要是与自己同种同国的人。因此,许多越南人开始畏惧美国人,而不是把他们当作盟友来欢迎。与此同时,美国人民也开始把自己看成是给一个贫穷国家带来灾难的行尸走肉般的战士。

测量中的第二个错误是它的执行。据说野战部队要计算并报告敌人的死亡数目。然而出现了几个因素:认定敌人方面的混淆(有时是故意的),在同一个地点由两个以上的人计数所造成的错误,指挥系统对高尸体数目的要求带来的压力。因此,尽管尸体计数不断上涨,并导致对战争胜利的预测,但实际情况却是在恶化。⑨

有一点非常重要:草率的或不当的测量,一般比不测量还糟糕。对测量结果的解释需要对测量本身有所理解。

测量的好坏取决于进行测量的工具的好坏。当我们决定应当如何测量一个变量时,可根据多种方式来考察这种测量的有效性。根据惯常看法,如果一种测量很好地预测了某种外在于测量本身的东西,那么它就具有**预测有效性**(predictive validity)。例如,如果大学招生所使用的 SAT 和 ACT 测试的确预测了一个人在本科期间做得有多好,那么,这些测试可以被认为是有效的测量。照此标准,像表 2.1 中所列举的那些"情感温度计"的刻度值,倘若能够很好地预测候选人的竞选成败,那么,同样可以被认为是一种有效的对候选人前景的测量。

内容有效性反映的是一种测量所包含的与被测量的概念恰当相关的内容的充分程度。理论上讲,如果我们打算测量一个人的政治参与度,我们可以锁定一组与"政治参与"概念相关的行为,包括投票、加入利益团体、抵制产品、与朋友讨论政治、出席会议,等等。由于政治参与的领域甚广,所以,仅仅根据某人是否投票来对政治参与进行测量,并不是一种内容有效的测量。

结构有效性可能是思考有效性的最重要的途径。它包含了一种

---

⑨　在伊拉克战争期间,盟军军事指挥部为避免这些问题,没有公布对伊拉克军队估算的伤亡数。

测量与你旨在测量的深层概念具有逻辑一致性的程度。简言之，结构有效性就是对某种东西的测量到底在多大程度上测量了它理应测量的东西。在社会科学的多数案例中，测量的有效性并非有待测试或证明的东西，然而，研究者却经常被迫面临这样的追问：我们真的是在测量我们以为自己所测量的东西吗？

假　设

尽管前面的许多讨论，看起来像是对散乱、零星的科学思维做的系列回顾，但对假设的讨论可以把这些题材组合到一块。

假设是一种特殊建造的句子。假设的目的是组织研究。如果假设得到了精心设计，科学方法的所有步骤也就随之而来，如项目大纲、参考书目、所需资源以及适用于研究的测量方法的说明。假设提供了整个的结构。

假设提出的是两个或更多变量间的一种关系。例如：政治参与随教育水平提升而增加。这个简单的断言也可看成是一条假设。它有一个主项（变量：政治参与），一个连接动词（一种关系：增加），以及一个宾语（变量：教育水平）。

我们再看两个例子：

肥胖症随贫穷加剧而**增加**。

工会成员比非工会成员**更有可能**投民主党候选人的票。

或者，不那么明显的例子（你可以从中找出变量及关系作为练习）：

距离产生美。

每天一苹果，不用上诊所。

早睡早起，健康、富裕和聪明伴随你。

至关重要的认识是，假设其实是一种假定，正如牛津英语词典指出的:"作为深入研究的起点,并被证实或证伪……"假设靠近研究的起点而非终点,尽管优秀的研究可能会提示富有成效的新研究路径和新假设。

到目前为止,我们关于假设的大部分例子都是相当简单的。但也该看看复杂的例子,让我们来引用一次教导学生进行科学思维的经历。有名学生来见一位笔者,他带着下述研究提案:

> 殖民者与殖民地居民之间的不稳定关系(形象地说,类似于连体双胞胎的关系),以及他们分别与殖民状况的互动,导致了脆弱的双螺旋型心理病态的发生,它对心理颇有影响,其结果导致心理失调,即各种神经官能症,它们随即确定了殖民地的政治细节的本质。

这仅仅只是提案的开始!在所有这些混乱的语言中,存在很多变量和关系。不过,梳理后可以得到两条假设:

> 殖民主义关系到殖民者和殖民地居民的神经官能症行为。
> 这种神经官能症行为影响到殖民主义的政治结构。

这两条假设尽管很大,但尚可处理。殖民主义这个概念描述了一种定型的政治格局。"关系到"这种关系不像"导致"那么口气强硬——这只是因为学生能获得的研究资源有限,因此要谨慎点。神经官能症行为虽然是一个棘手的概念,但出自于心理分析理论文献,有些行为确实还能贴上神经官能症的标签。这样一来,真正的工作就是展示,在殖民条件下发生的各种神经官能症的、自毁的行为,关系到殖民政治的压迫与独裁模式。

如果这位学生通过证据搜集、测量和评估,完成了这些假设所涵盖的工作,那么他就可以申请博士学位了。不过大家都知道他谈的是皮毛,他的论文(居然胆敢命题为《殖民主义:神经官能症游戏》)最多也只能说是达到大学本科生的要求。

这个例子表明了一点,在形成假设之前,往往存在一个先行步骤,我们称之为"问题重构"。在上例中,我们是从对殖民主义和神经官能症的一般性关注着手。那名学生在阐述这一关注时使之复杂化。而我们通过厘清变量和关系，把它简化，使之能得到处理，至少能用一般的方式来处理。采用一种可行的重构后，要定义变量的表征方式，就变得比较容易了。

社会科学的艺术之一，就是有技巧的问题重构。除了一些分析常识外，重构还需要一种能力，能看出环境中的变量和变量间的可能关系。第一步最好是把问题分解成作为其构成部分的变量和关系。写下与问题有关的系列假设，这样就能从中挑选出可以回答下述两个疑问的假设：对于解决整个问题而言，哪些假设至关重要？就你所掌握的资源范围来看，哪些假设有信息支持？有时候，这些问题会迫使我们做出一些不愉快的选择，但可以防止研究工作还没有什么实质性的结论就结束了。上面关于殖民主义和神经官能症的例子，就清楚地表明了这一点。

在启动研究任务前，恰当地提出一条假设，其重要性再怎么高估也不为过。

下述原则会对你有所帮助：

1. 变量必须得到明确说明，并能用你掌握的技术加以测量。
2. 变量间的关系必须得到精确陈述，而且必须是可测量的。
3. 假设应当是可检验的，这样，表明关系的那些证据才能被观察、证实或证伪。

如果不遵循这些规则，假设可能是行不通的、荒唐的，或是在现有资源下无法研究的。简而言之，对测量的精确定义和详尽说明是关键。谨慎构造假设的努力或许没什么乐趣可言，但在这个过程中出现的问题迟早要予以回答。

因此，假设提供了整个研究工作的结构，无论该工作是访谈调查，还是分析以前收集的数据，还是文献研究，抑或是三者兼具。假设将把你直接引向相关的资料，避免你做无用功。利用图书馆的搜索引擎、互联网资源，如谷歌学术搜索、图书索引、期刊的网上导读服务，以及只读光盘/电脑数据库检索,你可以对你选择的变量加以研究。变量之间所设定的关系,指示了你需要使用的测量工具和评价标准。假设的检验结果就是你的真正结论。

一旦通过构造和检验假设建立了变量间的关系,这些关系就能表达为**普遍性推论**。以检验通过的关系为基础的普遍性推论,就是科学研究的目标。普遍性推论就是得到检验证实的假设。随着某一研究领域中普遍性推论的积累,它们就构成了理论的原始材料。不过这里谈这个还为时过早。现在,我们需要看看科学方法如何把研究程序变成一种逻辑秩序。

科学方法

科学方法这种技术其实很平常。科学研究有一些步骤,下面几步是其中应当包括的:

1. 鉴别需要研究的变量。
2. 提出有关变量关系或变量与环境关系的假设。
3. 现实检验,以测量变量中的变化,从而观察被假设的关系是否受证据支持。
4. 评估:把变量间被测量的关系与初始假设进行比较;提出有关发现的普遍性推论(关系)。
5. 就有关发现的理论意义、检验中可能歪曲结果的有关因素,以及研究可能引出的其他假设提出建议。

尽管我们在这里已经勾勒出科学方法的骨架,但实际中的研究程序并非总是直接起始于假设的构造。在陈述假设之前,社会科学家通常会检查某一领域中所收集到的资料,以便观察变量之间是否存在关联。各种统计程序所揭示的关系通常能提供线索,指出一些很有探索价值的假设。有时候,只是翻翻一些资料,就能促发一个精彩的思想、一次偶然的洞见或一种全新的观念。过去数十年来已积累大量的资料，所以研究者在做每项研究时，通常用不着白手起家。现有资料的分析在鉴别那些需要用于检验关键关系的新资料方面极为有用。

这也仅仅是科学方法的轮廓。熟练的分析者还会引入其他的元素，比如：另一种测量方式、对变量描述的详细概念分析、自己的研究与其他研究之间的关系、对测量工具有效性的评估、实验组和控制组的使用。此外同等重要的是对检验之外的东西做出谨慎的猜测。不过，这些对方法的雕饰，更紧密地关涉到实施方法时使用的工具，而非方法本身。

要点是，科学方法是利用可观察的证据，以一种训练有素的方式来检验思维，并且在该过程的每一步都做到明晰。

考虑下述两类研究的差别：（1）一项经验性的科学研究：研究者陈述其价值，构造假设，设计检验程序，仔细选择和讨论测量方法，产生一种特定的结果，并把该结果与假设关联起来；（2）一项非科学的研究：研究者表达其价值，提出一般性的论题，考察相关的例子，并陈述结论。

注意：两项研究中都存在思维和调查之间的张力。但一个重要的区别是，第一项研究可以重复，能对结论的有效性进行检验，而第二项不行。社会科学家用**复制**这个词表达一种能力：研究能被重复，以检验其有效性。复制构成了对优秀研究的强检验，因为它能揭露出研究程序中不知不觉渗进的一些错误和主要研究中包含的评判性论断。好的科学可以被其他人"复制"。

非科学研究的第二个困难在于，它在把两项研究关联起来时存在着问题。某人的想法可能很有趣，但是如果不能以一种系统的可检验的方法陈述出来，那么这种想法很难得到捍卫。

要弄清楚所发生的现象需要一些信息，好的科学研究就能提供所有这类信息。例如，如果采用标准的变量定义，而且我们就选举人对候选人的评价做了一项研究，那么该研究就可以被吸收进其他的研究：如选举人如何看待有关问题、政党，等等。科学家努力构筑着积累性的知识体系，使采用不同测量方法对同一变量所做的不同研究能比较，也能看出测量技术是否导致一些不同的结果。再次重申，要点在于：科学以他人能确切知道某研究做了什么的方式，调整和限定着思想与观察之间的关系。

理论的多种角色

科学的权威源于它坚实的基础：关于"现实"的可观察证据。有时候我们就是把科学描绘成现实检验。由于每个人都认为自己清楚什么是现实，所以科学有根本的号召力。然而，科学中实在论的必然搭档是一种完全想象性的现象：**理论**。如果没有理论所扮演的多重角色，就不会有科学（另外，还有人会争论说，同样也不会有可以理解的"现实"）。

正如语言产生于满足人类需要的经验，理论也源自于人类所面临的任务。最艰巨的任务是说明外界发生的真实情况。关于理论是什么，不是什么，已经有大量著作。对于我们来说，理论就是一套互相关联的命题，为事件的发生方式提供说明。

构成理论的命题与假设一样，具有相同的形式：它们都是由概念以及概念间的联结或关系构成的。一旦假设得到检验，出现了新关系，理论就构筑起来了。

最平常的日常事务是生产理论的沃土。从自动贩卖机付款到呆伯特动画片的深层含义，都有相关的理论。最宏大的理论是宗教和哲学，它们关注各种各样的大问题：宇宙起源、物种历史、生活目的、导向美德的行为规范，或许还有幸福。对于忠实的信徒来说，这些理论的

---

* 美国关于现代化工作场所的一个主角名为呆伯特的连载幽默漫画，在美国非常流行。——译者注

"真"取决于对超自然现象的信念。这类理论在提出时，就好像它们深植于我们生存的这个更广阔的宇宙中，静待我们的理解。

相反，社会科学对理论持一种不同的看法。社会科学家最常见的态度是实用主义的：只有在说明观察时，理论具备当下的或潜在的用途，才说得上好。任何科学的要旨都在于提出一套理论来说明其观察范围内的事件。

认为理论就是变动不居的日常经验背后静止不变的东西，这是一种很有吸引力的想法，但这是误导人的。事实上，理论是人们在追求理解时偶然的天才性创造。人类根据需要创造理论，而这些理论又能反作用于那些需要，对之产生有利或不利的影响。一个理论可能包含一套完整的范畴和普遍性推论——但可能还是没什么作用。例如，假如有个人把世界分为高的物体和矮的物体，并把它们之间的所有关系都做了刻画，一个理论就诞生了，但它的效用是可疑的——不是错误，而是没用。

社会科学的理论通常源于一些关于人类行为的基本假定。例如，理性行动者理论认为，个体、组织和国家都以最大化他们的物质利益为动机。基于该理论，我们可以猜测，投票人选举候选人是为了增进他们自己的经济利益。然而，心理学理论断定，投票行为是由人们对政党的长期感情决定的。该理论认为，投票人被社会化，因为家庭的影响而忠于某一个特定政党。基于该理论，我们可以猜测，投票人的行为与其父母的行为是一致的，或者说，他们会年复一年地选择同一个党派。又如，理性行动者理论、心理学理论、马克思主义理论和其他形式的社会理论都对战争的起源做过说明。

我们讨论的是理论是什么，不是什么。下一个问题是：理论可以用来做什么？答案是：许多事情。我们可以列举理论在社会科学思维中的四种特殊作用：

1. 理论为资料解释提供了模型。

2. 理论把研究彼此关联起来。

3. 理论为概念和变量配备了框架，从而使之获得实质意义。

4. 理论使我们能向自己和他人解释我们的发现的深远意义。

我们且通过考察投票人参与这个问题来阐述理论的这四种作用。投票人参与的比例是民主的一项重要指标。我们有理由预期，不同类型的选举规则会影响那些认为值得花时间和精力去投票的人数。我们将表明，理论会如何影响我们看待对立选举规则下政治参与问题的方式。从资料中观察到的模型、不同研究之间被建立的关联、有关发现的实质含义，以及它们的深远意义，都是由研究者使用的理论塑造的。

在这个例子中，我们将集中关注，选举规则是怎样把人们的选票变为政党的议席的。在美国，几乎所有的选举都支持"单一选区制"。这些规则为每个选区中获得多数选票的候选人提供一个议席。假如这些规则允许更多的政党获得议席（比如在比例代表制中），那么就有更多的人可能参加投票。[10] 在比例代表制中，每个政党基于其得票比例而在总议席中赢得相应的议席。比如说，如果在一次选举中，分配了 10 个议席，那么其中大部分席位可能会落入大型政党的候选人手中，但如果小型政党能赢得 10%~20% 的选票，就可以推举 1~2 个席位的候选人。

有人提出理论说，在单一选区制下，赢者通吃的规则可能会减少投票者的参与。在美国，这样的规则意味着，几乎所有的议席都会被民主党和共和党的候选人占据。其中的假设就是：不偏向主要政党候选人的公民可能不愿意投票。[11] 由于很大一部分选民视自己为"中立派"，所以这就成了评估美国民主实效的重要因素。

---

[10] 例如，参见 G. Bingham Powell, "American Voter Turnout in Comparative Perspective," *American Political Science Review* 80, no. 1(1986), pp. 17-43.

[11] 有项研究试图保持文化差异不变，比较在美国采用赢者通吃规则的局部选举时的投票人数与采用"半按比例投票制"时的投票人数。该研究发现，"半按比例代表制"下的投票人数增长了 5 个百分点。见 Shaun Bowler, David Brockington & Todd Donovan, "Election Systems and Voter Turnout: Experiments in the United States," *Journal of Politics*, 63, no. 3, (2001), pp. 902-915。

表 2.2　2002—2012 年国家选举投票率一览表

	国家立法机构的选举规则类型		
	赢者通吃[a]	代表制[b]	混合型[c]
平均投票人数(百分比)	62.7	72.1	73.4
标准差(百分比)	2.9	10.4	6.6
国家数量	4	12	3
选举数量	10	34	9

a 加拿大、英国、法国和美国

b 丹麦、芬兰、希腊、冰岛、爱尔兰、以色列、荷兰、挪威、葡萄牙、西班牙、瑞典、瑞士

c 德国、日本、新西兰

注：平均参与投票数来自 19 个发达的工业国家的大选，其中投票大多出于自愿。

来源：作者对原始数据的统计，数据来源于民主和选举援助研究所(Institute for Democracy and Electoral Assitance)的网站，2012 年 6 月 28 日查阅。

　　考虑一下表 2.2 中的数据。该表显示了三类选举规则下不同国家进行选举时投票人数的平均水平。赢者通吃规则只把议席赋予单一选区中率先胜出的候选人。比例代表制一般允许投票者选择一个政党的候选人名单，然后大致按照每一政党的得票情况分配多数席位。有些国家采用赢者通吃规则选出部分席位，其余的采用比例代表制，这些国家属于混合体制。

　　这些数据传达了怎样的信息呢？先看最上面一行的数据，我们可以发现，选举规则会影响到国家选举的参与情况。采用比例代表制的国家平均投票率达到 72.1%，相比之下，实行赢者通吃规则的国家平均投票率则是 62.7%。这些都是基于不同国家选举的平均数据。它们表明(并未决定性地证实)，比例代表制会促使更多的公民参与投票。不过，其他一些竞争性的解释及干扰性的变量，如文化差异，也可以说明这些模型。[⑫]

　　理论在哪？什么样的理论适合这一数据模型？一种理论是说，当

---

⑫　Douglas Amy, *Real Choices*, *New Voices*. (Cambridge, VK: Cambridge University Press, 1993), pp. 140-153; Arend Lijphart, "Unequal Participation: Democracy's Unresolved Dilemma," *American Political Science Review* 91, no. 1 (1997), pp. 1-14.

人们认为其行为会产生实质性的结果时，才更有可能去行动——在这个例子中是投票行为。换句话说，如果人们认为他们所支持的政党会获胜，或者认为在势均力敌的选举中他们的投票很重要，才更有可能去投票。因此，比例代表制可能吸引小型政党的追随者去投票，因为他们的投票更有可能影响到某个代表的选举。由于比例代表制使更多的政党可能获得立法席位，所以表 2.2 中的数据似乎更支持下述理论：比例代表制能调动更多的公民，因为他们的投票更有可能产生实质性的结果。

另一种理论认为：人们投票是出于"公民义务"感。根据该理论，人们投票时就不会考虑他们支持的政党赢得议席的概率。[13] 由于没有数据表明公众的义务感在这些国家之间是如何变化的，因此，尽管我们的数据与一个理论相吻合，但该事实并不意味着我们就能否认另一个和它相竞争的理论。

留意不同的理论，能使社会科学家把自己的研究同先行的其他研究关联起来。它还提供一种方法，制造额外的检验，从而有可能拒斥那些为数据模型提供其他说明的竞争性理论。例如，如果我们发现"公民义务"在表 2.2 里的地区之间没什么差别，那么我们就有更强的理由认为，比例代表制比赢者通吃更能调动人们去投票。

与投票所付出的代价相比，比例代表制可能带来更多实质的好处（代表的机会更大）。情况有可能是，在美国，不投票的人感到在政治上被边缘化了，因为选举制度阻止了他们支持的候选人获胜。利用推理中的这些关联，社会科学家就能积累有关不同理论建构之关系的知识。至此，我们联系表 2.2 中的实例看出了理论的两种作用：提供模型；把一项研究同另一项研究关联起来。

现在，理论的第三种作用就显而易见了。在这里，我们需要评估观

---

[13]　关于这些竞争性理论的讨论，见 Donald Green & Ian Shapiro, *Pathologies of Rational Choice Theory* (New Haven, Conn. : Yale University Press, 1994). Cf. Kristen Monroe, *The Heart of Altruism: Perceptions of a Common Humanity* (Princeton, N. J. : Princeton University Press, 1996)。

察的实质意义。⑭ 也就是说,我们需要追问,观察是否有一些精彩的、重要的寓意。对于检验"理性行动"理论在说明政治行为方面的效用而言,这个结果可能很重要。就这个例子来说,我们可以推断,在一个采用赢者通吃的国家,改用比例代表制能提高 10 个百分点的投票率。⑮

看来,选举中给公民越多的选择,参与的人可能就越多。这就引起了一系列有趣的、实质性的问题:这些投票者的参与将如何改变政治体制? 什么样的新政党可能获胜? 类似于国会这样的机构如何应对几个政党?

对于把政治机构与人类行为联系起来的理论来说,这些发现的深远意义超越了那些具体的实质性问题。代表民主制的参与,不仅仅是有形式上的投票权,人们同样对该过程的结果和有关制度产生的限制非常敏感。当然也有其他的因素卷入,不过,那些产生更多社会团体代表的选举制度,似乎也能鼓励更多的人参与投票。比例代表制能产生出更广泛群众的代表,一般而言,这种制度同样可能更广泛地影响到公民对政治和政府的态度。⑯

在讨论理论的过程中,我们用实例表明了它在社会科学研究中的作用。大多数研究者都想证明其理论是"对的"。然而,一位颇有影响的社会科学分析家卡尔·波普尔(Karl Popper)声明,科学的最佳用途通常是反驳理论,而非"证明"它们:

---

⑭　实质意义不应该混同于统计意义(见第 5 章),后者告诉我们的是,赢者通吃和比例代表制之间的差别是不是偶然的。实质意义与理论相关,而非与统计概率相关。

⑮　一些解释残差变量的比较研究认为,比例代表制对于投票率的独立作用效果在 3%~7% 浮动。见 Andre Blais & Agnieszka Dobrzynska, " Turnout in Electoral Democracies," *European Journal of Political Research* 18 (1998), pp. 167-181; Andres Lander & Henry Milner, " Do Voters Turn Out More under Proportional Than Majoritarian System?" *Electoral Studies*, 18 (1999), pp. 235-250。

⑯　C. Anderson & C. Guilloty, " Political Institutions and Satisfaction with Democracy: A Cross-National Analysis of Consensus and Majoritarian System," *American Political Science Review* 91, no 1 (1997), pp. 68-81.

几乎每种理论都可以说是符合许多事实的。这也是为什么我们能说，只要不能找到反驳性的事实，而非不能找到支持性的事实，理论就得到了确证的理由之一。[⑰]

换句话说，数据给人留下的印象，更深刻的是作为反驳理论的证据，而不是作为支持理论的证据。

在对理论的讨论中，我们没有把握到的是人们在思考其观察对象时的微妙性和创造性。理论启发观察。然而，就像照在物体上的一束灯光一样，每种理论都会留下自己的阴影，挑战我们的想象力。

一方面，我们只能说，没有理论，社会科学就会沦为没有条理且毫无意义的一堆观察、数据和统计数字；另一方面，并不是所有的社会科学都限定于严格的、明确的理论表达。不过，绝对清楚的是，复杂的社会问题需要我们尽可能做出材料充分、翔实的研究。用理论的形式组织和评估知识，几乎与作为第一步的知识搜集一样重要。历史上到处都是构造糟糕的社会理论残骸，有时候还产生了悲剧性的结果，虽然有些最伟大的文明进步也要归功于理论想象的能量。

现在我们掌握了科学思维的基本工具。但是工具本身不能完成工作。我们还需要一套方案，或者，就如下一章描述的，一种策略，把工具派上用场，来获得某种知识。

引入的概念

概念（comcept）   假设（hypothesis）

变量（variable）   问题重构（problem reformulation）

---

⑰ 见 *Popper Selections*, ed. David Miller（Princeton, N. J.: Princeton University Press, 1985）, p.437。

不连续量化(discrete quantification)   普遍性推论(generalization)

连续量化(continuous quantification)   科学方法(scientific method)

测量(measurement)   复制(replication)

可靠性(reliability)   理论(theory)

有效性(validity)

讨　论

1. 考虑概念"失业"。

● 如何定义它,使之能作为一个变量被测量?

● 你能想到多少个"失业"的定义?

● 这些定义有何不同?

2. 从可靠性和有效性的角度评价一下测量失业的不同方法。

● 就可靠性来说,如果其他研究者采用你的测量方法(变量),会产生相似的结果吗?

● 从有效性来讲,这些测量方法能很好地反映"失业"这个概念吗?

3. 考虑一下2008年美国大选中关于宗教和投票行为的数据。制作一个表格,反映这两个变量间的关系。你能就宗教与投票行为的关联方式(或为何有关联)提出假设吗?

4. 社会科学家处理的更为复杂的问题之一是：人们为什么要反抗他们的政府？考虑三次大型的革命例子(17 世纪的英国、18 世纪的法国和 20 世纪前叶的俄罗斯)。以这些例子为基础，你能提出革命发生原因的假设吗？在提出假设时，考虑一下：

- 革命的发生与哪些变量有关？
- 你如何定义如革命这样的概念？
- 其他的研究者能否把你的变量可靠地应用到其他发生或没发生过革命的国家？
- 你假设中的变量是如何被关联在一起的？
- 你会怎样检验你的假设？
- 如果别人使用你建议的测量和检验方法，能得出和你一样的结论吗？

3

策　略

Strategies

事实就像袜子，空的时候不能立起来。要让事实立起来，你得往其中加进使之得以存在的理性和感受。

——路易吉·皮兰德娄（Luigi Pirandello）

　　敏锐的读者会注意到,通常被认为是科学方法必备的两个词,在本书里却很少出现。它们就是事实和真理。这两个词的共同之处是:它们都带有一种绝对主义的意味,误导那些着手用科学方法来获取知识的人。从字根来看,事实意味着"一件已完成的事情"。已经做完的事情是无可争议的,但问题在于,"已完成的事情"并不是由某个中立的全能观察者,而是由个人感知到的。

　　个人有限的观察能力、有限的本能和利益立场,都会影响他们观察世界的方式。(科学是一个过程,尽可能使这些观察变得明晰,并能不受限制地接受检验。)但是我们必须始终这么看待科学程序的结果:它是一种努力,旨在控制一个过程,该过程正是被我们的人性弄得即便并非不可能,却也是难以完全控制的。

　　出于工作目的,社会科学家通常把**事实**看成是"根据理论目的而对现实所做的一种特殊安排"。[①] 任何被定义为事实的事情,都是与观察者在研究现象时所持的特定目的联系在一起的。无视这一点我们就没法继续深入,因为哲学丛林就在前方隐现,里面蕴藏深奥的问题:倒下的一棵树没被观察到,可既然我们无法知道它确实倒下了,那么它究竟倒下没?

　　对哲学家来说,**真理**这个词就像块鲜美牛肉,大受他们的欢迎。科学更倾向于在不那么高贵的领域里工作,这个领域由一些**可证伪的陈述**构成,它们能被其他人检验。对好的科学命题或普遍性推论的陈述,要能让随后的观察提供支持性的证据,或是提供质疑该命题精确性的证据。如果把可证伪程度作为科学的一个持久考量,就可以避免大量草率的结论。

　　对事实和真理所持的这种不明朗的态度,有人对它的反应可能是追问:"那么,我们究竟要相信什么?"如果你想要绝对可信的东西,那必定要到科学以外的领域去找。科学是一种工作程序,利用对经验的提炼来回答问题。科学家可能会提出能量惊人的理论,但这样的理论

---

① David Easton, *The Political System* (New York: Knopf, 1953), p. 53.

能否满足我们人类的信仰需要，则是一种私人事务，无关于科学探索的意义。"相信科学"就意味着接受一些判断，它们建基在能被复制的观察之上，而不是其他类型的证据或心理过程之上。

现在你已经熟悉了科学的基本要素，比如变量、测量和假设。本章我们将集中讨论的是，如何给予我们关于世界的观念一种能接受现实检验的形式。接着，我们把现实检验过程分解成几个部分。最后，我们将看看，为了理解研究结果，需要采用哪些评估步骤。

以下各部分，旨在为科学分析提供逐步的指导。不过必须意识到，我们只是试图把握住科学程序中最重要的方面，而不是老练的研究者更关注的那些繁枝末节或是精巧复杂之处。下一章以"提炼"为题，会对每个要素补充一些看法，以增强你在研究策略上的能力。

请记住，我们在这里所做的一切，都是在规制人类思维的自然状态：思维与现实检验之间存在着一种张力。所以这一章分为三个部分：仔细思考问题、现实检验和理解结果。

仔细思考问题

做研究时的最大挑战来自于起始阶段。一旦你完成了这一挑战，其他步骤也就可以依序而为。难点就在于限制主题，或更明确地说，就是选择一条通向主题的途径，它要能最有效地得到你想要了解的东西。大多数学生都有过写一篇冗长、散漫、没什么主题的论文的经历。到最后需要下结论时，却尴尬地发现，从已经提供的证据来看，没什么坚实的结论可以得出。出现这种丧气的结果，其原因通常能在起始阶段找到。

焦　点

由于我们大部分人没受过这样的训练，即用假设的形式阐述我们的观念并检验它们，因此，最好这样开始：就按事物在脑海里出现的方式记下它们,譬如一连串的想法、灵感、要点。然后追问自己:"我为什么对这感兴趣? 我究竟想要什么?"看看会有什么发生。你可以从一个广泛的主题开始。

> 这个国家有个大麻烦。大多数人现在觉得政治不重要——他们不想与政治有任何瓜葛。政治就像个笑话。

多大的一些问题啊! 不过这里还是有一个主题的:现代民主是否奏效。

在此阶段,写上一两段话来记述这些思想是个不错的主意。写在纸上! 广泛地阅读资料也是个好办法,它有助于圈定调查的领域。但读得太多却可能是个糟糕的做法。在试着进行实际研究之前,要对问题的主体框架做通盘的考虑。

假设你写下的话类似下述两段的内容:

> 在美国有些事已经变了。以前,似乎更多的人认为他们在一些事情上有重要的影响。也许他们认为政府可以把社会改造得更好,或者他们可能有更多的闲暇时间。

> 如今,与我交谈过的大多数人都不关心政治,也不相信政府。谁有时间理会政治? 另外,除非你有钱捐助,否则他们不会听你的。

这些段落实际上包含一些概念和变量,一系列关系联结和一整套假设。至少有迹象显示,更为集中的研究是有可能的。

这个时候,我们可以开展两个层次的研究:描述性的和关系性的。**描述性研究**搜集与一种状况有关的信息。我们可以描述一种制度、事件或行为,或者它们的组合。好的描述是科学的开始。达·芬奇(Leonardo da Vinci)对人体结构的精彩注解和描绘,促进了几代医学专家对身体的理解。有些专门化的描述性研究细致考察的是一个单一变量的有关信息,比如说,家庭破裂。它是由什么构成的? 它发展到什么地步? 情况是怎么发生的? 什么时候发生得最频繁? 对于更高级的分析形式来说,这些研究都是有用的资源。

关系分析考察事物之间的联系。其基本形式是探索两个变量之间的关系，比如说，信任和政治参与之间的关系，或是年龄和参与意识之间的关系。系列的关系研究能构成因果分析的基础。因果分析是一类特殊的关系研究，它把变量之间最有力的关系独立出来。

前面几段对相关主题的初步考虑，似乎蕴含着一整套的关系。如果你急于刨根问底，那么下一步可能是做一种关系分析，分析参与和信任这类一般性问题的某个方面。

假设形成

主题收窄了些，形成假设就变得更容易了。问题有两层：有哪些关键变量？它们之间有何关系？在我们的例子中，引起兴趣的一个部分包含着两个变量：政治参与和当选官员关心普通大众的觉悟。前面的那几段话暗示了两者之间存在一种关联。这个关联究竟是什么？有什么词语可以表达那种关系？如果我们不考虑因果分析，那么暗示的关系就很简单了：人们更愿意参与到政治活动当中，如果他们认为当局在乎他们，而不只是在乎特殊的利益。在此，我们暂且不论如何界定"特殊"的东西以及"普通"大众。

虽然以上表达已比较清楚，但我们最终仍要把所言述的情况升华为两个变量和一种关系：参与关系到信任。当然，大多数研究包含几条假设，它们可能被贯穿在一起，成为一个大型主题的构成基础要素。但是出于说明的需要，我们只讨论要求不那么高的东西。

使概念可操作

使概念可操作，意味着给概念赋予一种能用某种方式对它的变化做出测量的定义。第 2 章中，我们讨论过转概念为可用的变量，这个过程称为**操作化**。转化概念为某种允许我们对变化做出观察标记的东西，是一个棘手的过程。要做得妥当，需要满足两个条件：（1）可操作的变量要尽可能符合原始概念的意义（有效性）；（2）对变化的测量能被他人复制（可靠性）。

例子

针对选举结果的假设之形成

　　假设就是一些陈述,这些陈述可以来自于一些简单的问题。它们通常被表述为关系。某个想法可能会促使我们追问:x 与 y 有关吗? 促成该问题的这个想法与这个问题本身或许本来就具有因果关联。在此例中,这个想法就是:与 x 有关的某个东西引起 y 的发生。

　　我们来考察一个来自选举研究的例子。人们发现,经济越糟糕(x),现任者的支持率就越低(y)。那么,一个简单的假设就是:如果经济不景气,现任者就会失去民众支持。我们可以着手检验这个假设,方法是这样的:考察经济走势,然后弄清楚经济走势如何与投票支持现任者的趋势对应起来。或者,在选举之时,我们可以问问选民关于经济走势的想法,与此同时再问问他们会投票支持谁。

　　有趣的假设往往孕育着一些额外的问题,甚至更多的假设。它们包含了因果观念的核心想法。在这个例子中,选民不再选举现任者,并借此惩罚他们,那么,导致这一切发生的与经济有关的因素是什么呢? 某个选民反对一个候选人,是因为这个选民自身的经济状况变得更糟,还是因为他或她听到了一些与社会高失业率有关的糟糕新闻? 选民是对所有的现任国会议员都一视同仁,还是会对那些与总统同属一个政党的候选人横眉冷对?

人们是否参与政治活动，对此问题我们该如何使之可操作？试试看问人们一些事关政治参与的简单问题：

- 你是否参加过政治会议、集会或演说？
- 你是否为某个政党或候选人工作过？
- 你是否就某件公众事务写信给报刊？
- 你是否在上次选举中投过票，或是去做别的事，从而避开了投票？

一旦给出答案，要做的就是在各个问题的答案中找出模式，或是评估一下，如何把这套问题的回答合到一起。我们可以审视一下这些回答，看看其中会出现什么样的主题或趋势。无论我们怎么去研究，答案总会提供一些线索，指示出有多少人在政治上比较积极，观察到的行为水平是否与观察到的态度水平相匹配。

识别政治参与问题相关回答中蕴含的趋势，同样有助于评估我们的研究问题。如果在很长一段时间里，这些问题一直在被询问，我们就能看出现今人们参与政治是变多还是变少了。通常来说，对政治效能感这个变量的测量取决于对下述这个问题的回答：

你是否认同这个陈述：公共官员不是很在乎像我这样的普通人想些什么。

一个人觉得政府该对谁负责，对这种感觉的测量一直也是根据对如下这个问题的回答而进行的：

政府完全是由少数几个大的利益集团操纵的，你是认为他们只追求自身利益还是认为他们会为人民谋福利呢？

回头温习一下前面的几段，我们看到，主要的假设牵涉到，低程度的信任如何可能导致人们现今更不愿意参与政治。关于民主的规范理论认为，健康的政治不仅要求某种最低程度的信任，也要求某种最低程度的公众参与政治进程。

关于这一点，我们将考察一位哈佛的政治学家罗伯特·普特南（Robert Putnam）在研究中实际使用的研究策略。本书的附录 A 是普特南的一篇论文的节录版,其文章题为《调来调去:美国社会资本的奇怪消失》。②

普特南灌输给我们的一个观点是:低程度的政治参与部分是缘于社会自愿团体中成员身份的减少。普特南在提出其理论和假设时,参考了早期的美国社会观察家亚力克·德·托克维尔(Alexis de Tocqueville)和当代社会学家詹姆斯·科尔曼(James Coleman)的著作。③ 他论证说,由于对他人缺乏信任,比起 20 世纪 50 年代而言,人们如今更少参与政治了,而这种缺失的信任正是他们在自愿团体中同他人一起工作时习得的。

按照一般的预期,在自愿组成的社会团体中,成员身份会使人们有所改变,使他们更多地参与政治,这有助于创建民主所必需的“公民能力”。④ 该理论还说,早几代的美国人更积极地参加一些团体,它们有助于建立社会信任和社会关系。如今,人们可能不那么愿意认识他们的邻居,不那么愿意与朋友打交道。⑤ 而这些邻里、朋友关系能使他们看出“为了互惠互利一起协作”的好处。简单说,这个论证就是认为:社会活动的减少造成了信任和政治活动的减少。如果我们不参加一些像家长教师联合会(PTA)或保龄球联盟这样的团体,就不能学会彼此信任。我们因此也就不能了解到,如政治这样的集体性活动会带

---

② Robert D. Putnam, "Tuning In and Tuning Out: The Strange Disappearance of Social Capital in America," *PS: Political Science and Politics*, 28, no. 4, (1995), 664-683. 另外见普特南的另一篇文章, "Bowling Alone: America's Declining Social Capital," *Journal of Democracy*, 6, no. 1 (1995), 65-78.

③ James Coleman, "Social Capital in the Creation of Human Capital," *American Journal of Sociology*, 94S: 95-S120 (1988).

④ 另一位观察家写道:由团体身份而带来的“人际关系改造”,“不可能轻易地用笨拙的社会科学工具加以测量”。Jane Mansbridge, "On the Idea that Participation Makes Better Citizens," 见 *Citizen Competence and Democratic Institutions*, eds. Stephen Elkin and Karol Soltan (University Park: Pennsylvania State University Press, 1999), 291.

⑤ Robert Putnam, *Bowling Alone: The Collapse and Revival of American Community* (New York: Simon and Schuster, 2000).

来什么样的变化。普特南和其他人把我们从团体活动中获得的社会关系、行为规范和社会信任统称为**社会资本**。⑥ 科尔曼把社会资本定义为"能互惠"的个体之间的社会关系。⑦

　　阅读附录 A 中普特南的文章,我们将探讨他是如何做研究的,这有助于提升你的理解。这篇文章是为一项更大的研究计划而精心制作的一份概要性报告。作者一开始讨论了研究工作的理论背景、提出和检验假设的步骤,以及其结果的深远意义。这是科学研究应该遵循的设计——即便是一篇简要的研究论文。

　　在操作化变量政治参与的过程中,普特南考察了对几个问题的回答,其中包括上面列举的一些问题。他同样感兴趣的是,政治参与的减少如何关联到信任以及社会资本。就像社会科学中的许多概念一样,社会资本并没有为操作化提供一种直接的、明显的手段,它不是我们能直接看到或计算的东西。它是一个很大的概念,普特南的理论只是为我们要寻找什么提供指导而已。他认为社会资本是由社团的成员身份带来的。这意味着,对社会资本的间接测量,可以是人们就可能参与的社团的一些简单问题所做的回答。

　　普特南把社会资本当作社团的成员身份来操作。他用一些调查问题的回答作为工具之一,来测量团体的成员身份。他的理论引导他用下列团体中的成员身份作为社会资本的指标。

- 教会团体
- 体育团体(足球队、垒球联盟、保龄球联盟)
- 文艺协会(戏剧团体、乐团)
- 工会
- 友爱组织(狮子保护协会、麋鹿保护协会、共济会、国际青年商会)
- 服务团

---

⑥　Putnam, 666.

⑦　James Coleman, *Foundations of Social Theory* (Cambridge, MA: Belknap, 1990), 304.

● 民间组织(童子军、红十字会、家长教师联合会)

表 3.1 21 个国家的自愿团体成员身份

国　家	宗教团体/俱乐部(%)	体育团体/俱乐部(%)	其他自愿团体(%)
澳大利亚	17	36	23
奥地利	8	14	7
加拿大	33	35	28
智利	20	14	7
捷克	4	11	6
丹麦	14	41	26
法国	7	34	26
芬兰	7	23	16
德国	15	29	9
英国	17	22	12
匈牙利	9	5	3
以色列	11	17	13
日本	3	13	3
拉脱维亚	9	13	6
荷兰	15	43	20
新西兰	17	39	25
挪威	10	28	20
韩国	12	13	18
西班牙	9	15	9
瑞典	7	28	9
美国	40	23	21

注:假定团体成员身份是反映社会资本水平的指标之一。每一个单元里的数字表示自
　称至少是其中一个类别的成员的那些回答者的百分比。

来源:作者对原始数据文件的分析,来自国际社会调查项目的 2004 年公民调查。

表 3.1 表明了人们宣称自己是一些自愿团体的成员的频率。尽管普特南主要关注的是美国的趋势，但这些描述性的数据表明，相较于其他国家来说，美国人参加社团的比例与其他国家相当或更高。我们用团体成员身份操作了关键变量社会资本，因此，整个研究的组织工作已经准备就位。请阅读附录 A，看看他如何做到这一点。

现实检验

整 理 参 考 文 献 脉 络

有了假设之后，在开展实际研究之前，最好是多读一些资料。这能使你在他人工作的帮助下，检查你的假设形成和变量操作。使用图书馆的数据库或互联网来查找假设中的变量。论文、著作和网址都是能提供信息和背景的有用资源。通常来说，就相关主题发表的期刊论文都会有一些脚注和参考目录，这能让你知道与该主题有关的大多数最重要的文献。更老练的研究者会在开始就走这一步——它有助于我们在"仔细思考"这个阶段节约大量的时间。然而，初学者在遇到社会分析问题时，则经常不注意这一点，显得很"冒进"。

开 展 研 究

很多学生也许没想要开展这里建议的这种研究工作。如果你想做深入研究，这里提到的调查的数据可以在互联网上找到。[8] 下面的例子仅是用作指导，不过它们应该能够表明社会科学研究是如何进行的，帮助你用最清楚的可能策略来阐述你自己的研究计划。

罗伯特·普特南以及在此领域工作的其他人，通过重新分析过去的

---

[8]　有对公众舆论和选举行为的国家选举研究网站；有综合社会调查 GSS 的网站，GSS 网上允许对调查数据做在线分析。罗伯特·普特南的书中用到的数据也可在相关网站查询。

调查来检验他们的假设。许多社会科学就是这样开展的。当研究者站在不同的角度来审视"老"数据、提出新假设时,就揭示出了新颖的洞见。在你做研究的时候,先与同行讨论或检查一下图书馆,再着手收集你自己的数据前,看看是否有你能用于检验假设的数据。

在这种情况下,学者们通常查看综合社会调查(GSS)和大选研究(NES)[两个对美国人的态度、舆论和行为的主要的学术性调查]中提供的数据,来考察社团成员身份的趋势与信任及政治参与的趋势是如何关联起来的。这不是普特南使用的唯一数据来源。他还参考其他的调查和一些团体保留的成员记录。

在其理论的基础上,普特南预先设定,某些类型的团体成员身份在建立信任和促进政治参与上比其他的更重要。宗教团体、工会、家长—教师组织、民间团体和友爱组织是比较突出的。另外,他的数据来源为许多其他类型团体中的成员身份提供了测量方法。

普特南在其研究中讨论的调查问题,在近二十年里每年都会被问到,这样他就能比较团体成员身份、信任和政治参与的趋势。总结对这些问题的回答,可以揭示出某些有趣的模型(见表 3.2),也可能得到一些有意思的观察:例如,一些政治参与形式在减少,但是投票似乎仍然很火。1996 年,几乎半数美国人参与投票,但是到了 2008 年,投票人数已接近 1968 年的水平。我们还看到,政治效能感(它是根据对"官员不在乎"这类问题的回答而加以测量的)同期则急剧下降,它的确支持这样一种想法,即:政府之运作,乃是为全体民众谋福利。参与和效能感的下降以及不断增长的对政府的怀疑真的相关吗?

表 3.2 中的结果或许对于美国社会来说不太乐观,但似乎确实支持该项研究的一些基本观点——某些形式的政治参与和信任都处于低水平。不过,比起简单地说"瞧,我是对的(或错的)!"一项研究的结论还应包括更多内容。

表 3.2   1968—2008 年政治参与及信任的趋势（调查对象的百分比）

	1968	1976	1984	1988	1996	2000	2004	2008
出席政治会议、集会或演讲	9	6	9	7	5	5	7	9
为政党或候选人工作	6	5	6	3	2	3	3	5
选举投票率	61	53	53	50	49	51	55	57
政府为全体民众谋福利	51	24	39	31	27	35	40	29
官员不在乎像我这样的普通人想些什么	36	51	42	51	61	56	50	60

来源：American National Election Study，various years，美国国家选举研究网站。

分析结果

如表 3.2 所示，政治效能在 1960 年代要比随后年代更高。过去，更多的人相信，政府之运作乃是为全体民众谋福利的，而且更多的人信任那些关心民间疾苦的官员。在 1968 年至 2000 年间，一些形式的政治参与（例如，投票、为候选人工作）也呈轻微下降趋势。这些趋势与我们关于效能与参与之关系的假说是一致的。2000 年之后，投票及政治运动有些许回暖，但是，这个时期人们对政治的怀疑要强于过往。

随着更多年份的调查数据成为变量，我们可以将这些数据纳入，通过这种方式，我们能够从更好的视角对待这些结果。我们还可以将表 3.2 中的结果与来自普特南研究的假设检验进行比较。他的问题是：特定社会群体的成员身份是否给人们带来更多的政治参与及政府信任。有很多方法可以检验这种关系。其中一个方法是考察一段时间内的趋势。图 3.1 根据 GSS 和 NES 调查问题的回答中呈现的趋势，提供了一些初步结论。我们看到，从 1974 年到 1994 年，教会团体的成员身份处于下降趋势（尽管只是稍微下降），回答者中，对政府的信任也从 1974 年的接近 40% 下降到 1994 年的 20%。这些结果似乎支持下述基本假设：社团的成员身份与对政府的信任有关——但它们必须接受更深入的分析。我们还不清楚，信任的长期趋势是否由社会团

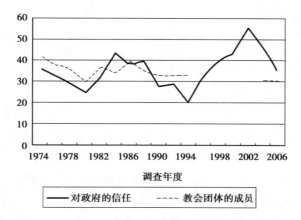

图 3.1　1974—2006 年信任和团体成员身份的趋势

体成员身份的趋势造成,因为 GSS 并没有在 1996 年到 2002 年间问教会团体成员身份问题。

　　另一种分析方法是看看其他的重要变量对这些结果有何影响。我们对社会资本理论的讨论表明,社团的成员身份一度减少,同时还表明,近来的几代美国人可能不那么愿意参加教会团体、服务俱乐部、友爱组织及类似的社团。

　　表 3.3 的数据似乎为此提供了支持。该表显示了不同年龄群体的百分比:其中有些人没参加任何社团,有的加入了一个或两个团体,有的加入了三个或更多团体。由于我们感兴趣的不是"年龄"而是"代",因此我们先圈定一个晋级为成人的时间,根据该时间确定他们大致的出

表 3.3　依年龄段划分的社团成员身份水平

出生年段	1925— 1934 (%)	1935— 1944 (%)	1945— 1954 (%)	1955— 1964 (%)	1965— 1974 (%)	1975— 1984 (%)
不属于任何团体	25	26	29	36	37	46
属于一到两个社团	44	42	42	39	41	21
属于三个以上社团	31	31	29	25	22	33

来源:作者依据 1972—2008 年 GSS 数据库中累积的原始数据计算得到的结果。

生年代。正如我们能看到的，在 20 世纪 50 年代变为成人的回答者（"1925—1934 年段"和"1935—1944 年段"）最愿意声称他们自己是某个社团的成员。事实上，在这些年龄段，75% 的人至少是一个团体的成员。相反，到 20 世纪 90 年代及之后变为成人的人（"1975—1984年段"）最不大可能报告他们具有哪些团体成员身份。在我们设定用来测量社会资本的变量上，他们得分最低。

当然，我们很难用这些数据区分代际效应（某人成长的一个时代特有的因素）和生命周期效应（与在某个时代某人的年纪大小有关联的因素）之间的差别，[9]但如下情况确实在发生：最年轻一代的美国人的社会资本水平最低，某些政治参与形式在下降。这与普特南的理论是一致的，但并没有"证实"它。我们还可以做更多的工作，来检验这些东西是如何关联在一起的。不过，与开始的时候相比，我们现在对这个问题有了更好的理解。

要强调的是，通过参考多重现实检验，你就能了解到你建构的那种假设检验的功效。同时，其他研究能从整体上对你的发现进行核查。

理解结果

评估概念操作和变量测量

既然我们对这个主题有了一些研究经验，那就根据已经发生的事情，回想一下有关策略的每一个步骤。想出一种方法来操作一个概念与使它如研究过程中所预期的那样起作用，这两者之间有很大的

---

⑨　该表提供的是取自 GSS 在 1972—2008 年开展的许多年度民意调查的"综合"数据。比如，"出生在 1945—1954 年"的一个回答者是在 1972—2008 年的任何时间被调查，在访谈的时候还可能更年老。"出生在 1985—1994 年"的人被采访的时间会更近、更年轻。

区别。

这项研究计划有一些问题：

1. 你能确定政治参与的测量方法是有效的吗？

2. 我们用作社会资本指标的团体，是否在建构人们的社会关系上扮演相同的角色？社会资本仅仅是研究者为解释数据而创造的一种抽象概念吗？

3. 我们如何能确定社团的成员身份与政治参与之间存在着因果关系？确定团体的成员身份和对政府的信任之间存在着因果关系？因果关系的方向是怎么样的？

4. 关于社会资本的争论是美国独有的吗？我们能否在欧洲或其他地方的调查数据中发现相似的模型？

我们还需要考虑一下，调查数据会以什么样的方式出现偏差。个人在回答问题时的精神状态是个问题。各种各样的因素都能影响答案。例如：女性访谈者从女性那里获得的答案可能不同于男性访谈者的。在不同的时间和地点重复研究很有用。如果你要大学生填写调查问卷，就得准备好应付校园里的小聪明。爱开玩笑、闪烁其词和故意作对，人们能用许多方式搞砸调查问卷。

另外一种可能阻碍研究者获得真实答案的因素是，回答者对研究计划、研究者、问题或答案的保密性存有怀疑。以前有位大二学生就大麻的个人用途对一个教会学院的职工做过调查。她私下做的访谈，并向每个员工保证答案是保密的——数据总结会按照部门和级别打散，最终的报告只会收藏在图书馆。然而，很容易想到，一个小部门里的低级职员会对访谈者承诺的保密性保持警惕，因此在回答这类可能遭致检举甚至迫害的问题时不那么诚实。

在和人打交道时，科学代替不了机智。

测量方法得当吗？

自我批评不是很受欢迎的事，但是在社会科学中，它能满足两个特殊的目的。它显然有助于你在完成计划后重新检查它，确保你每步都做得足够好，可以直接得出结论。不过，重新检查还有另一项功能。在处理如社会现象测量这类难以捉摸的事情时，在提出和使用测量方法的过程中学到的任何东西，都需要共享。研究开始的时候，测量方法可能看起来令人印象深刻。然而，实际用起来时，可能会发现一些意想不到的弱点，如果在结果中把这些弱点作为一部分陈述出来，就能节省其他人的许多工作。

在罗伯特·普特南的社会资本研究计划中，人们参加了成百上千的不同社团。在各种著作中，普特南强调，重要的是团体间的不同混合——教堂、体育和艺术俱乐部通常是作为社会资本的基本储存库而被提及。⑩ 我们决定要测量的那些特殊团体之所以重要，是因为不同的测量方法通常会导致不同的结果。尽管图 3.1 表明教会团体的减少对应着信任的降低，但同样的 GSS 调查问题却表明其他社团的成员在增加（体育团体、学校的友爱组织和职业协会）。

那么，究竟是哪些团体能最好地孕育出民主社会必须的规范、网络和社会关系呢？我们需要了解这一点，以便了解该使用什么样的方法来测量团体成员身份。如果像保龄球联盟这样的体育团体很重要，我们就可以问别人，他们是否以联盟成员的身份去打保龄球。但是对该问题的回答能如实地测量他们是否或者如何与保龄球同伴打交道吗？此外，如果许多回答"是"的人，仅仅是因为学校体育教育的要求而上了高中保龄球班，那我们的测量方法还有什么作用？⑪

记住，社会资本背后蕴含的观念是：团体成员身份能促进人与人之间的联系，从而建立起信任。更可信地测量社团影响的方法，可能

---

⑩　原注释 2 中的文章，也见 Robert Putnam, *Making Democracy Work：Civic Traditions in Modern Italy* (Princeton, NJ：Princeton University Press, 1993)，以及 Robert Putnam, *Bowling Alone：The Collapse and Revival of American Community* (New York：Simon and Schuster, 2000)。

⑪　导演迈克尔·摩尔（Michael Moore）提到，谋杀多人的凶手埃里克·哈里斯（Eric Harris）和蒂纳·克莱伯德（Dylan Klebold）都在科伦拜恩高中学习过保龄球。在戳穿那些有问题的因果推理时，他讽刺地表示，可能造成屠杀的是打保龄球而非社会信任。

是询问人们所属团体的信息,然后问他们会花多少时间与该团体中的成员见面。这也许能更直接地测量社团对人们的影响。GSS 还包括一些问题,如志愿者的工作情况、参加某个团体活动的时间。

　　那么,以上批评就等于宣布了该种测量方法是无效的吗? 不是的。不存在完美的测量方法,关键是要能够根据多个可能的备选测量方法优化巩固你选定的测量方法。研究者必须有好的证据支持其变量的测量方法和变量的定义。比较不同测量方法和不同观察手段所获得的发现,有助于建立理解。

统 计 数 字 可 靠 吗?

　　漫长的历史中,五花八门的神秘主义者观察鸟的内脏,以图发现未来的预兆或预测未来。精于统计数字批判的人可能是这个职业的现代继承者(尤其是那些擅长在任何给定的统计数字中发现好消息和坏消息的人)。统计数字本身并不能为社会调查问题提供精确的答案,这个事实使某些人感到震惊,而对另一些人来说是种宽慰。我们可以轻松地说,由于统计数字会撒谎,或者说它们从不完整地传达整体信息,因此是无用的。但问题是:统计数字(或测量)是对比什么而言的? 对比如"多""少""整个"或"一点"这样的语言概念,确实统计数字可以做到更加精确。虽然带数字的证据可能会误导人,但是文字更能误导人。象征性的暗示、含沙射影的用词、不精确的语言,都能歪曲知识。<u>科学观察方法的优点是,偏见更容易被暴露出来,因为对意义和程序的规定都非常明晰,能被复制。</u>

　　当然,错误的统计就如错误的词语一样,一不小心就用上了,而且科学代替不了常识。随着对统计数字的深入了解,你会发现,研究者通常是用几种统计数值来总结一种状况,而不是只依赖一个指标,以此来预防单一指标导致的统计失误。

你 的 发 现 与 有 关 领 域 的 理 论 吻 合 得 如 何?

　　一次简单的实验或调查不但可能解决你心中的某个疑问,而且还可能以一种有趣的方式关联到某个更具普遍性的研究问题——它在其所属研究主题下具有理论意义。例如：了解教育如何影响到人们对总统候选人的评价是饶有趣味的，但是把那个发现嵌入到与人类境况有关的一整套观念中，则更有趣。在选举领导人时，我们确实值得信任吗？ 民主确实起作用吗？ 这些都是大的理论视角，但好理论不一定非要是重大的。有一些不那么宏大的理论却说明了事件的关键。

科尔曼、普特南和其他考察社会资本影响的人在启动其研究计划时，讨论了社会理论、民主理论以及社团与政治关系方面的先行研究。他们引用了其他作家的观点，包括大力宣扬社团的"市民"效应的托克维尔。托克维尔本人在 1830 年代写到，美国民主最重要的一个体现是广泛地参与志愿联盟——提供公共集会地的社团，在其中人们学习一些技能，让自己成为更好的公民。这种论点显然与普特南的研究相关。它表明，对政治失去兴趣的原因可能是深层的社会变革，而不能归咎于当今的一群政治家，或是人们现今对负面广告的鄙视。

在评价本章提出的研究时，可用你读过的所有东西做参考。另外，如果时间允许，多调查一下其他人关于社会资本（或社团成员身份）与政治参与之关系的发现。想一想，如果在诸如慈善会、社区组织、运动俱乐部和民间团体这样的各类社会场景中，更多的人彼此交往，民主会怎样得到加强（或能否得到加强）。

科学程序本身是沉闷的。在富有想象力的研究者手中，它变成一个非常有用的工具，但是心灵这个"仪器"比任何调查程序要微妙得多。当科学成为方法，就被作为科学家的人类掌控。

一位著名的科学家曾经评论道，"科学就是观察"。他的意思是说，只关注实验组和控制组的细节、统计数字等，就会遮蔽科学研究的目的，要**用你的头脑**来理解正在发生的事情。[12] 关于一种特定的现象，不存在完美的实验来说明所有的一切。提防那些声称他们已经证实一些东西的人——尤其是用基于数字统计的"事实"所做的证实。把

---

⑫　Robert Hodes, "Aims and Methods of Scientific Research," Occasional paper no. 9 (New York：American Institute of Marxist Studies, 1968), pp. 11-14.

科学方法当作一种批判工具和一种探索方式加以使用。挑出**易受责难的**假设的薄弱之处和证据的局限性,这样你就能知道什么被证明了,什么还没有被证明。⑬

引入的概念

事实(fact)

关系分析(relational analysis)

真理(truth)

操作化(operationalization)

可证伪的陈述(falsifiable statements)

社会资本(social capital)

描述性研究(descriptive study)

讨 论

1. 科学中有种"现实检验"牵涉到一种比较:把某个被观察到的关系,与如果变量之间不存在关系会出现怎样的结果加以比对。看本章中的表3.3:如果年龄段和一个人参加的团体数之间没有关系,那么可能出现什么样的数据?

---

⑬ 对科学使用有问题的例子,见 Daisie Radner & Michael Radner, *Science and Unreason* (Belmont, Calif. : Wadsworth, 1982)。

2. 本章列举的社团是否反映了人们在其中发展"那些推动互利合作的网络、规范和社会信任"的地点？如 Facebook 这样的社交网站是否能发挥传统自愿团体那样的功能？联盟或职业协会是否也是可以建立社会资本的团体？

3. 你能想到用其他的方法来操作化概念"政治参与"吗？还有操作化概念"对政府的信任"？

4. 就政治参与问题，你认为回答者可能给出不完全符合自己的情况但却是社会认可的回答吗？是否有某种方法来设计一项研究，可以避免调查效度在这方面的问题？

有用的网址

- 大选研究（"electionstudies"）的网站

查看一下政治参与和对政府的态度的趋势。该网站有一些表格，它们根据各种人口统计特征把调查问题制成交叉分析表。

- 综合社会调查（GSS）的网站

查看一下与社会和政治态度有关的数百个问题的回答。该网站允许你在"online GSS code book"中把任何问题的回答制作成交叉分析表。

4

提　炼

Refinements

如果人们要探索任何新观念的所有可能性,而且相信以后的经验可以用于确证或修正最初的主张,那么热情和坚定的信念必不可少——因为科学的繁荣乃是建基于沉思的自由和无情的批判这一双重程序之上的。

—— 斯蒂芬·图尔敏和琼·古德费尔德

(Stephen Toulmin and June Goodfield)

学着了解社会科学的方法论，就像学玩台球。它们各自的基本元素很简单——在台球中，是有球袋的桌子、一些台球和一根球杆；在社会科学中，就是变量、测量和假设。到现在为止，我们关注的一直是简单的击球：一条假设，带有两个相当明显的变量和对变量关系的测量。科学就像台球一样，更精巧的策略都是从基本的技巧变化而来。

优秀的台球选手若非绝对必要，绝不选择使用更困难的一击，社会科学家也是如此。同样，为了把错误减到最少并绕过障碍，两个领域中的专家都必须发明新的技巧。我们将在本章和下一章中，以一种稍微不同于前几章的顺序讨论社会科学的要素：先是假设、变量，然后是测量。我们还会对每个要素做些提炼，换句话说，我们将展示的是擦板球入角袋。

假　设

假设的提出是不能仅凭智识就一步到位的，各种想法和偏好总会对智识产生千丝万缕的影响。就像其他人类行为的产物一样，假设是意向、学识和关注所构成的综合体的一个部分。社会科学家就如何处理这个现实，已激烈地争论了很长时间。有些人提出，为了维持专业社会科学的名声，集中于"客观"的探索工作，研究者应该尽可能忘掉价值观和其他偏见。另一些人坚持认为，忽略假设提出的缘起是不利的做法，因为这会导致研究者忽视他/她自己在获取和处理数据时的一些根本因素。

至于假设如何与理论、模型或范式这样的思维结构相吻合，存在一系列的问题。毕竟，工作的最终目标是形成有用的理论。因此，理论和研究之间的关系需要探索。

最后，在能被吸收进假设的那些关系中，还存在一些更平常的但有影响力的东西。这三个主题——假设形成过程中价值、理论和关系的角色，会依次得到讨论。

价值观和假设形成

价值观这个概念本身很特殊。写作的人经常试图把握价值观是什么,如何把一个价值观与其他价值观隔离开来。麻烦的是,价值观很难被孤立出来。我有信仰的自由,但没有消除平等的自由,也没有自由采取某些类型的行为,如偷窃。价值观在彼此互相调节的境况之网中凸现。[①] 我们所有人体验到的那个矛盾困惑的自我,可能经常会在不同的时刻展现出不同的价值取向,只有在一段较长的时期,才显现较大的、明显的价值观理念。不过每个人的性格还是有种一致性——足以使我们能够且确实对人们的人生定位做出一般评价。

社会科学家经常建议,研究者在提交项目报告时要讨论其价值观定位,以此来解决价值观与研究的关系问题。由于在形成假设、挑选测量方法和评估结论的每一步中,价值观都是一个密不可分的部分,因此这个要求相当合理。不过,详细澄清其价值观不能是事后的补记。研究伊始,价值观的角色就必须直接面对,否则你就可能看不出价值观对研究的影响。例如,有很强宗教信仰的人在研究约会习惯时,提出的问题可能就预设了婚前性交是不道德的,所用的问题很可能反映出这种偏见,诱使回答者谴责他们自己实际上赞同的行为。

社会科学中的理论和模型

有时候基于某一理论的假设和调查与现象模式之间的关系,似乎是清清楚楚的,但是当作者试图把这种关系见诸笔端时,却发现越写越复杂。

我们知道,**理论**是一套有关系的命题集,它试图说明(有时则是预测)一系列的事件。我们也已讨论过假设是什么。大致说,理论是被某种逻辑框架关联到一起的假设构成的集合。这里所说的理论与自

---

① 就价值观如何与概念和意识形态相关联这个问题,有很精彩的讨论,参见 Michael Freeden, *Ideologies and Political Theory: A Conceptual Approach* (Oxford, U. K: Oxford University Press, 1996), Part One。

然科学中的理论之含义大相径庭。例如,细胞学说、进化论、相对论及重力理论已被可重复的实验、观察及大量证据所证实。极少数(如果有的话)的观察会与理论相悖,它们能够预测大量的自然现象。自然科学的理论是关于确定性的事实陈述。然而,与自然科学的理论不同,社会科学由若干尝试性的理论构想构建起来。与自然现象相比,人类行为更具特殊性,因此,与社会界相关的理论都是暂时的并具有条件性,而且要根据大致的概率而非确定性加以刻画。

另外两个词也被列入我们的讨论范围。科学家使用**模型**(model)这个词语传达的含意是理论中更严格的秩序和体系。模型提供了对现实的简化,能接受对关键关系的检查。例如,经济学家竭力构造理论模型,这样,失业、通货膨胀和其他与经济行为有关的主要变量就在数学上被关联起来了。

社会科学中有大量的理论,而且最近还出现了一些非常有趣的模型。对于那些从事社会科学研究的初学者而言,他们最好将理论视为研究的指南,即,将其视为一种组织及有效地利用洞察力的方式,从而避免陷入到一些无关紧要的细枝末节之中,并能将重要的东西分离出来。

社会科学中,理论一般有两种形成方式:归纳的和演绎的。**归纳**是指通过积累和总结各种研究以建立理论;**演绎**牵涉到运用一种理论的逻辑产生一些能被检验的命题。

科学最常给人的印象就是,研究者通过逐步的调查过程收集信息碎片,然后把它们整合形成理论。接下来就检验该理论能否说明某个现象。把科学仅仅看成归纳的看法的危害在于,在建立研究的过程中使用的范畴可能反映了一种隐含的理论。结果,所谓的归纳发现是一种隐蔽形式的演绎。科学程序要求理论命题以一种可证伪的形式表达,也就是说,它们能接受观察的检验,以减少这样的偏差。尽管这个要求看似清清楚楚,但由于社会调查往往承载很多价值观的东西,而且现实检验工具有限,因此很容易出现错误的判断。

在关联理论与研究方面,演绎是一种越来越普遍的方法。由于批评家对社会科学所谓的"客观"本质的抨击,研究者在此压力下开始理解到,演绎常常不知不觉地渗透到了假设中使用的基本概念的形成中。在美国文化中,资本主义政治经济体制的普遍境况,导致许多政治科学家、社会学家和经济学家把我们的体制当做好社会的规范,并且把所有非市场的行为模型归属到脱轨的、有负面效果的、不发达的这类负面范畴中。实质上,这些标签的内涵是从一个更大的理论中演绎出来的,该理论暗含了政治经济体制的本质和正确性。不过,这些标签却以被归纳确定的"科学的"名号出现。[2]

由于演绎是一种自然的思维模式,所以在科学探索中需要被驾驭。通常而言,从理论出发的演绎提供了研究领域的基本议程。业已确立的理论能够指导人们找到许多特殊谜题的解决办法。在从事新一轮的说明任务时,演绎法是相当值得尝试的。

出色的科学研究能够同时囊括归纳和演绎的要素。将这些要点牢记于心的首要原因,是要警惕自期,以及警惕他人在提出其科学发现时的一些误导性的方式。

远在你有能力提出理论以前,你多半就已经是其他人兜售的理论的消费者了。理论赋予结果以意义,在运用研究结果时,关于理论有个预防性的问题需要提出。它类似于"研究背后的价值观"这个问题,牵涉到对理论视角的理解,而理论视角是研究得以实施的前提。在读社会科学著作时,一定要仔细关注引言和前言——这里通常点出了作者工作的关键之处。

与此同时,不要害怕运用那些理论性的说明,要把它们作为你自己努力的一个指南。科学是民主的,任何人都能对一个理论做研究批判,或者尝试用新的方式加以拓展。留意一个领域中占支配地位的理论,看看其中的观点能为一种现象提供什么样的说明,这能节省你自己的时间。

---

② 参见 Murray Edelman, *Political Languages: Words That Succeed and Policies That Fail*(New York: Academic Press, 1977)。

例子

社会科学理论、青年与民主

社会科学中的理论包含猜测、价值观及不确定性。让我们来考察一下与国家人民的健康状况相关的研究。许多学者都对国家中人民生存所必需的条件感兴趣。他们研究公民的态度及人们的想法,前者涉及公民如何看待民主制的运转,后者涉及人们如何思考一些非民主的政府形式。

一种理论提出,民主制国家要求民众最起码要支持民主制的核心原则。价值观已镶嵌在这种理论工作之中:该理论假定(至少隐含地假定),民主制是好的而且政府要由选举产生。

有证据表明,在许多已建立民主制的国家,对政府的不信任日益加剧。与老一辈相比,越年轻的人越支持由非选举产生的"专家"来统治,也就越支持军治。[*] 理论预期是:领导人的选择由选举产生,公众必须支持这一点,然而研究却表明,在很多国家,当今的青年一代更愿意支持反民主的活动。

假设可由上述这一切推演出来。我们可能会预料到,随着越来越多的人呼吁支持军治,极端主义的反民主的政党就会获得更多的支持。或者,如果未来的青年一代与今天的年轻人想法并无二致,那么民主实践就会有绝迹的危险。

当然,此处提出的理论有可能是错的,而且需要改进。情况有可能是这样的:对政府的不信任对民主制而言是有益的,青年一代只不过可能需要花费更长的时间意识到民主制的优点。

---

[*] David Denemark, Todd Donovan, and Richard G. Niemi. " Generations and Democratic Attitudes in Advanced Democracies. " 2012 年 6 月 10 日在西班牙马德里举行的国际政治科学协会的世界大会上提交的论文。

假设中的关系

自变量和因变量。并不是所有的变量都是同等的。如果社会科学只是要表明,偏见与无知有关,年轻与叛逆有关,智商与哺乳有关,那么社会科学家就并没有做到如我们合理期待的那样多。人们有偏见是因为他们无知吗? 或者说无知是因为他们被偏见蒙蔽吗? 哪个是先导? 我们几乎要脱口而出谁因谁果,但毕竟没有,这是因为对因果关系的判决性证明需要精密的程序。变量中的自变量和因变量这对概念是一种方法,可以在不用通盘解决的情况下,巧妙地处理因果问题。

自变量是影响另一个变量——**因变量**的变量。例如,热量增加,空气中就能保存更多的水分。热量是自变量,而能悬浮在空气中的水分是因变量。水分的状况取决于温度的变化。如果空气潮湿而热量减少,水就会从空气中滴落——这就是科学家理解的"降雨"。

在第 3 章的例子中,普特南和其他人认为,政治参与取决于人们是否积极参与自愿社团。政治参与是因变量,社团中的成员身份是自变量。据说,积极投入社团活动能建立个人的关系和信任,使人们有能力参与政治活动。这样就有了下述假设:社团活动越多,政治参与就越多。

有个好办法可以让你看出一种被假定的依变关系是否有意义:颠倒一下你正考虑的那种关系。投票或参加政治活动是否能导致人们加入教会团体或保龄球联盟? 也许能,但是你需要一个有力的理论来说明,为什么这种关系会在那个方向发生作用。社会资本理论就提供了一种令人信服的论证让我们相信,社会活动是政治活动的先导。

在很长的一段时间里,自变量和因变量这两个概念没什么麻烦之处。看看教育和投票决定之间的关系,就能轻易发现,投票不可能是教育的原因。但有个事实却颇为麻烦:自变量和因变量的关系在被令人信服地证明之前,只是研究者的一种想象虚构。自变量和因变量之间的关系是研究者假设性地提出的:他们发明了这些关系,然后用观察和分析来检验它们,看它们是否确实如想象的那样发挥作用。

当我们用社会科学家最喜爱的形式——表格——来考察时,自变量和因变量的问题就变得更容易理解了。表格是展示数据的一种方法,但表格背后通常隐藏着新手容易忽视的假设。

表 4.1　有选择性的收入群体的政治活动:每个群体中积极分子百分比

	年度家庭收入			
	低于 $20k (%)	$30k～50k (%)	$75k～100k (%)	高于 $100k (%)
上次总统选举中投票	56	69	82	82
为邻里或市民团体当义工	32	36	39	55
参加公开会议讨论学校或小镇事务	30	45	53	63
过去 12 个月内参加一次政治会议或集会	10	16	22	33
为非宗教团体捐赠超 $500	3	12	30	69
该收入群体回答者百分比	16	25	9	10

注:单元中的数据是被选择收入群体中报道参与这些活动形式的人数百分比。
来源:作者对社会资本基准调查的国家样本原始数据文件的分析(Roper Cenler for Public Opincon Research,2000 年)。有 3003 个回答者。

看看表 4.1。哪个是自变量? 哪个是因变量? 你如何重构这些数据所支持的假设?

表中的两个变量是收入和政治活动。这些数据表明了哪些收入群体主导了某些活动。它们揭示了这两个变量之间的何种关系? 答案是:占美国人口 10%的最富有群体在投票、出席公开会议、为非宗教团体捐赠超 $500 方面,表现远超他人。大量穷人和中等阶层的人参与投票、出席会议、进行大额捐赠的可能性要低得多。相比收入最低群体中的人,收入最高群体中的人出席小镇或学校会议的可能性高 1 倍,参与政治集会的可能性高 2 倍,进行大额捐赠的可能性高 22 倍。因此,收入影响了各类人群的政治参与。

因此,收入被认为是**自变量**,而政治活动是**因变量**。要检查"自变量"和"因变量"名称的分派是否正确,就颠倒一下假设。比如说,投票行为决定了收入？明显是胡说八道！

表4.1展示的是通常情况下表格出现的形式。自变量横列于表格**顶端**，因变量沿**侧边**依序放置。表格以这种标准的方式呈现，研究者想都不用想就可以定位关系。不过，看着表格阐述它旨在检验的假设，是一种很有益的练习。不过有些作者也可能出于强调、风格或方便，颠倒因变量和自变量在表格中的惯常定位。

替代变量、**前置变量**和**中介变量**。在提出有说服力的假设时，核心问题之一是理解变量之间的关系。在就变量间的关系提出假设的过程中，你需要留意你没有选择到的变量，它们可能影响到关系的变化。社会科学家通常会提到替代变量、前置变量和中介变量。

三个术语都有常识意义。**替代变量**是额外的自变量，它影响到因变量的变化。前置变量是某个先行物。例如，出生之前要先怀孕。中介意味着中途出现。我们会更精确地阐述这些概念。

如果有人考虑一些影响人们对政治活动的贡献的变量，就会出现这几个：性别、种族、职业、党派、对政府的态度，其他一些因素也可能有影响。这些都是替代变量。不过，在收入和对政治活动的贡献之间建立关联（见表4.1）是有用的，尽管对人们为何做贡献或不做贡献的完整说明需要涵盖所有重要的替代变量的影响。收入确实影响到贡献，但性别和其他变量也介入了。如果重要的变量被忽略了，那么结果可能是无意义的，或者就如社会科学家喜欢说的，是虚假的。我们将在下一章再讨论虚假性问题。

对**前置变量**的一种经典阐述来自对投票行为的研究历史。早期的调查清楚表明，教育层次越高的人越倾向于投票给共和党。从这种关系我们可以推测，受过良好教育的人在政治上比较保守。然而，结果证明，有个强有力的前置变量影响到了教育水平和投票行为，它就是父母的财富。事实上，受过高等教育的人一般来自更富的家庭，而更富的家庭更有可能投票给共和党。在教育和投票行为的关联中，被测量的实质上是父母的财富对小孩政治倾向的先行影响。

再来看**中介变量**。假定有个人告诉你，每片 Hollygood 面包所含的卡路里比其他 6 个品牌的低。这个广告导致你推断：自变量是 Hollygood 低卡路里的特殊配方。但结果却发现，Hollygood 公司的面包片比其他牌子的薄。面包中含有的卡路里量实质上与 Sunshaft 面包甚至 Wondergoo 面包的差不多。面包片的厚度，就是面包品质和每片面包的卡路里含量之间的中介变量。

还有一个更好的例子：考虑一下教育和社会地位之间的关系，这两个变量有正相关关系。然而，每个人都认识教育程度一般但地位很高的人。其原因可能是有另一个变量渗入了：事业成功。

要了解事业成功是如何介入教育与地位之间的，先想想你认识的那些教育程度低但由于事业成功而地位不错的人（A 组）。再想想教育良好、取得成功且地位较高的人（B 组）。还想想教育良好而事业不顺且从传统标准来看地位一般的人（C 组）。

如果你仅仅关注教育与地位之间的关系，或者是事业与地位之间的关系，而非所有的三个变量，那么你可能会错过任两个变量之间的关系。A 组使你认为，教育和地位之间没什么关联；而 B 组则表明，地位和教育间的关系就如同花生糊与花生酱之间的关系。而 C 组的人尽管跟 B 组的一样受到良好的教育，但地位只是一般。如果只考虑事业成功与地位之间的关系，也会产生同样的混乱。

一般来说，受到良好教育的人（B 组）比教育程度低的人（A 组）地位要高。因此我们可以表明，教育有助于成功。不过，事业成功会介入到教育和常规的社会地位之中。

为了避免陷入替代变量、前置变量和中介变量的困惑中，我们可以在提出假设前做些思考。选取了因变量后，问问自己所有可能的自变量会有哪些。如果你想要说明为什么某些人是宿命论者，就想想可能影响这种心灵状态的所有变量。可能的因素包括他们的工作性质、财务问题、单恋、深层性格、气候或同伴的影响。事实上，大部分乃至**所有的**社会现象都受到数个变量的影响。提出对替代变量、前置变量和中介变量的担忧，不是要打击你开展你感兴趣的研究的积极性，而是让你记住它们，不至于把相关性混同于因果

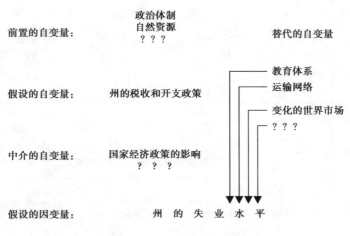

图 4.1　影响失业的自变量

关系。

　　再举个例子,考虑竞选活动中频繁听到的一个争论:州税对就业率的影响。批评政府支出的人争论说,降低税收和开支会吸引不喜欢纳税的企业,从而增加新的工作岗位并减少失业,这样就会刺激该州的经济。在图 4.1 中,我们指出了可能对州的失业率造成影响的前置、中介和替代变量。

　　仔细地梳理能揭示许多涉及的自变量,其中任何一个都可能比我们假设的变量更重要,也就是比州的税收和开支政策更重要。事实上,这些变量之间的关系相当复杂。州的政治制度,如直接民主制,能利用立法提案和公民表决来降低税收和开支。然而,只要较高的州税为教育系统提供了资金支持,就可能成为促进该州就业的关键。③

---

　　③　例如,参见 Bryan D. Jones,"Public Policies and Economic Growth in the American States," *Journal of Politics* 52（1990）: 219-234。Jones 发现,公共部门的整体规模与经济衰退之间没有关联,用于教育、高速公路、警务和消防的开支,与就业增加、经济增长有关联。

表4.2 教育与政党认同

政党认同	低教育程度	高教育程度	总计
民主党	150	50	200
共和党	50	150	200
总计	200	200	400

来源：模拟的。

表4.3 教育与政党认同，控制财富不变

政党认同	来自贫困家庭			来自富裕家庭		
	低教育程度	高教育程度	总计	低教育程度	高教育程度	总计
民主党	100	45	145	50	5	55
共和党	5	10	15	45	140	185
小计			160			240

来源：模拟的。

一旦你识别出了对因变量有重大影响的那些变量，就有办法把某个变量的影响与其他的分离出来。最简单的技巧是"控制"：保持一个变量不变，检验其他两个变量的相互关系。在父母财富、教育和投票行为之关系的这个例子中，你可以挑选一个样本，其中回答者有不同的教育层次，来自不同的家境。假如结果表明，出自富有家庭且教育程度高的孩子主要倾向于共和党，而家境不好而教育程度高的孩子主要倾向于民主党，你就知道，在投票行为上，教育的影响远不如家境的影响。表4.2和表4.3说明了这个结果。

随着你在方法论上的经验和熟练度的增长，你将发现许多技术可以用于梳理这些关系。要处理变量梳理这个问题，第一步是要理解形成假设的那些不同层次的关系。

假设中的关系层次

相对最常见的语句而言，假设最明显的特征就是它在阐述每个术语时的谨慎。我们已经看到，变量的选择本身是个严肃的任务；同样，变量之

表 4.4 变量关系的类型

关 系	意 义
虚无的	认定没有什么关系存在。
推断的/关联的	认定有一种关系,但它处理的是一个变量对另一个变量的影响程度。
正向的/反向的	认定有种特殊的关联性关系,其中两个变量之间存在一种可预测的关联——或者一个变量随另一个变量的增加而递增(正向),或者一个变量增加而另一个变量随之减少(反向)。
因果的	认定一个变量的变化是另一个变量变化的结果。

间被阐述的关系也是如此。为了稍微延伸你的想象力,系统地考虑两个或更多变量之间可能体现出的关系,是很值得的。它们构成了一个连续统,我们将简要地讨论一下表 4.4 中的每种关系。

第一种关系,**虚无假设**,真是天才的创造。记住,假设是想象的关系,然后投入检验。首先断定无关,然后检验,看看虚无假设是不是能被否证,也就是说,看是否能证明确实存在某种关系。这里面大有文章可做。

虚无假设的功用在于不让你做臆断——不是在提前为你阐述的关系做辩护。除了不承诺特定的关系外,你还保留了一种可能性:有种更实质的关系可能刻画了变量之间的关联。也许情况是,有一种**推断**的或**关联的关系**,将会产生于现实检验。甚至可能存在一种**正向的**或**反向的关系**,但这些可能性还要等到检验的时候出现。

虚无假设正好响应了谨慎的社会调查策略的要求。要否证虚无假设,只能通过证明两个变量之间存在着某种关联。因果关系需要大量的证据,它与虚无假设相对应,落在连续统的另一端。

推断的和关联的关系可以得到检验,作为向**因果关系**迈进的准备。一些较小的关系,本身比较有趣,也可以起到筛选的作用。在教育和候选人对投票人的评估之关系一例中,如果一种相关关系被证明统计上显著,那么我们就有理由向前推进,剥离掉那些可能影响到此相关但旁枝末节的错误由头。一旦完成,我们就可以检验因果关系的候选原因，看看因果假设能否得到辩护。

关于因果关系，有些事情需要理解。首先，社会科学的最终目标可能就是确定孰因孰果。因此，确定因果关系非常有趣。其次，它也是最难处理的关系，因为它需要最高程度的证明。要证明 A 是 B 的原因，你需要表明：

1. **A 先于 B 发生**。显而易见，不是吗？

2. **A 的发生与 B 的发生有关**。这同样也是显而易见的，但事件间的关联并不总是容易发现的。例如，有些历史学家发现，中世纪改革者的饮食同他们细腻的洞察力之间，存在着稳定的关联。据称，圣女贞德误食食物，弄坏了消化系统，因而成为一位有远见卓识却昙花一现的女英雄！

3. **A 导致 B；不存在其他的变量（C）能消除 A 给 B 带来的变化**。这是难关所在。在一种境况中，只留下一个而消除所有其他的可能影响，总是非常困难的事。实验社会科学有一门历史悠久的技术：挑选两组受试，尽可能使两组的环境保持一致，然后在一组中引入被猜测的因果变量（实验组），而另一组不引入（控制组）。

至于实验-控制组技术的运用中出现的问题，有个典型的例子，就是"霍桑"实验。该实验中，作为实验组的工人被安置在更愉悦的物理环境中做装配线工作。该实验组的产量一直高于在普通工场条件中工作的控制组。问题是，后来发现，导致产量增加的主要是另一个变量——经理和实验者本人对实验组的特殊关注——的结果，而非物理环境。实验者不知不觉地引入了一些没有被控制的心理因素：两组的差别不仅仅是物理环境上的，因此破坏了实验-控制组程序，而导致结果的无效。

在大多数社会科学家看来，对因果关系的理解是假设形成和检验这一长串过程的顶点。常见的做法是从一系列实验开始，旨在将最明显地引发结果事件的那一个变量分离出来。通过这种方式，那些被猜测是原因的能得到确认。实验中包含的逻辑步骤通常需要非常精心的安排。因此,这个领域的新手最好安心于那些更容易处理的关系。

因为社会科学研究牵扯到太多的人的因素(研究者和研究对象的个体、群体差异都很可能影响研究结论),所以,要做到每一次提出的研究假设都逻辑严谨是有难度的。大多数新手提出的假设涵盖的人群太广了,以至于他们陷入测量的困难和为得出结论而超负荷工作的失望中。在确定某种待检验的关系的强度时,要考虑一下可用的测量方法和数据资源。一项被完整报道的研究实验,总是包含着研究者对结论的深远后果的思考。但是,如果研究本身能观察到假设陈述和测量技巧的明显限制,那么这些思考就更合乎人意了。

在假设中建立变量之间的逻辑关系和检验这些关系是否成立,当然是两码事。要看一种被假设的关系是否确实得到观察的证实,我们需要转向操作化和测量技术。

变　量

使概念可操作

早在我们对社会科学概念的讨论中,就看到语言是如何从对不同现象的命名而开始的。对于一种特定的行为,人们专门约定一个名称,正是这种约定,构成了社会科学的语言。操作变量实质上意味着,对一种行为的命名要适合于某种观察和测量该行为的特殊方法。从某种意义上来说,变量操作就是颠倒语言的形成过程:从你感兴趣的现象的名称出发,往前回溯,找到一些方法,把那个名称与它所指称的特殊行为匹配起来。

操作化这个词语使这里讨论的过程听上去既特别又专业,然而事实上,它在日常生活中是老生常谈的。一天晚上,本书的一位作者在酒吧里听到关于肯塔基人和西弗吉尼亚人哪个更好的争论。"讨论"

围绕下述观察展开：有个人的堂弟的叔叔的岳父来自肯塔基，他不是个好东西。不过，相比之下，另一个人的前任老板的夫人的侄子来自西弗吉尼亚，他天生就该绞死！几轮争论后，显然，肯塔基人和西弗吉尼亚人的品格这个变量，已经根据生活在那两个州的人们的犯罪行为倾向而被操作化了。

在任何科学的发展过程中，用于指称被谨慎指定的对象、时间或行为的变量名称，其数量会逐渐增加。如今在社会科学中，也有整套的变量目录，它们根据特殊的行为和可能的测量得到操作。④

有点值得庆幸的是，你感兴趣的变量早已被各种方式操作化了。即便如此，你也需要了解一些操作技巧，以获得分析的灵活性，同时也对其他人的工作保持批判态度。此外，当变量需要的测量形式超出你的资源范围时，你需要学会避开可能出现的问题。有两种方法可用于处理由于某种原因而不易操作化的变量：**替代**和**分解**。

假定你的假设是这样的：教育程度越高的人，越有可能是社会主义者。教育不难操作化：某个人待在学校的年头会告诉你他接受了多少正式教育。

人们是不是社会主义者，是一码事。如果是的，他们的社会主义倾向有多强烈，则是另一码事。社会主义这种意识形态集合了一套复杂的理论、历史观、行为计划和好坏标准。如果你意识到，讨论这个主题的学者很难就社会主义的意义达成一致，就知道这套东西有多难理解。分离出社会主义的标准定义是个难题，但难上加难的是，在处理这个词的非共有解释上存在着问题：研究者很可能接受了正式的意识形态概念的训练，而作为调查样本的回答者却可能认为，社会主义者是那些喜欢氟化水的人。

因此，"你是社会主义者吗？如果是，到了什么程度？"向别人提这样的问题没多大意义。这个问题的答案会产生一些关于自我知觉（self-perception）的有趣资料，但是如果把它作为一种方法，把回答者

---

④　见 John Robinson，Phillip Shaver & Lawrence Wrightsman，*Measures of Political Attitudes*（San Diego，Calif.：Academic Press，1999）。

的态度与某种像社会主义哲学一样精致的东西关联起来,则显得太随便。把社会主义这个变量替代掉,或许可以解决其中一些问题。我们可以找到另一个变量,它能确定更直接有关的态度,并对之做具体的处理。看看这条假设如何:人们受教育越多,越支持工人参与管理。

替代的优势在于,我们可以就大多数人都能提出意见的事务提出问题,而且这种提问方式能把它们与该事务关联起来。即便它是个替代,但它圈定了社会主义意识形态的一个重要元素,从而提供了与那条一般性假设有关的信息。

分解是另一种处理复杂变量的方式。行为一般都不简单,它发生在活动、态度和倾向互相关联的语境中。社会科学家所处理的变量,通常可以被看成是行为要素的组合。例如,异化这个变量可以分解成四种具体的特点:失范的、无力的、无意义的和无助的,它们与人们在异化时的通常感受是关联在一起的。态度量表的提出就是为了测量异化的每个态度要素。通过组合所有的四个态度或感受的测量,你获得的资料就可以称得上是与异化有关的。

变量的维度

变量通常有不同的**维度**。测量人格的心理学家可能会提出内向人格和外向人格的分类。他/她还可能提出在1—10的量表上对攻击性-回避性进行特征描述。它们反映了一个变量的不同维度,此变量即人格。

民意通常以各种维度加以分析:

方向:意见的赞同或反对

位置:在从赞同到反对的(刻度轴)量表上,该意见落在何处?

强度:持该意见有多强烈或多无力?

稳定性:它的可变性如何?

潜在性:它离意见结构的表层有多近?

突出性:与个人所持的其他意见相比,该意见的重要性如何?⑤

所有这些维度都包括不同的测量可能性,也有各种可用的技术来处理它们。方向只需要清楚告诉我们意见是"对"是"错";突出性可以把意见从不突出到非常突出做顺序排列;意见的强度则暗示了用刻度表示的可能。

在对一个变量进行大规模处理前,好好想想你着眼的是哪个维度,想想还有哪些其他的可能维度。挑选出最有可能触及变量核心的维度。通过考虑替代的变量,你就能选定:哪些维度把握到了变量的关键,哪些维度可以用你有能力采用的方法得到测量。与此同时,对变量的不同维度的理解,可以让你看到,在理解该变量方面,哪些工作已经做了,哪些还没做。

科学最持久的神秘之一,就是它居然能完全等同于测量。就如本章力图说明的,科学真正的创造力在于变量的操作化和假设的设计。它们经常需要真正的创造力。尽管有时候测量接近于艺术形式,但它更多地是一种技术和数学概念的系统应用。就如我们将在下章看到的,测量有自己的严谨逻辑和巧妙设计。

---

⑤　改自 Bradlee Karan, "Public Opinion and the New Ohio Criminal Code," The College of Wooster Symposium on Public Opinion and the New Ohio Criminal Code, July 9-30, pp. 6-8, 以及 Vladimir Orlando Key Jr., *Public Opinion and American Democracy* (New York: Knopf, 1961), pp. 11-18。

Key 用属性而非维度讨论了变量。在讨论民意时,他在我们用"位置"的地方用了词语"维度"。就近来的用法来看,词语"属性"变成了一个通名,指称一个变量的所有特性:它的测量、它的各种实质成分或是维度,但"维度"已经获得了更明确的意义,也就是我们提到的意义。

引入的概念

价值(values)

理论(theory)

模型(models)

范式(paradigms)

规律(laws)

公理(axioms)

归纳(introduction)

演绎(deduction)

自变量(independent variable)

因变量(dependent variable)

替代变量(alternative variable)

前置变量(antecedent variable)

中介变量(intervening variable)

虚无假设(null hypothesis)

推断的关系(inferential relationship)

关联的关系(correlative relationship)

正向关系(direct relationship)

反向关系(inverse relationship)

因果关系(causal relationship)

变量替代(variable sabstitation)

变量分解(variable division)

变量的维度(dimensions of variables)

讨 论

注:检查表 4.2 和表 4.3 的数据。在该例中,表 4.2 考察的是教育和党派认同之间的关系。表 4.3 考察的是来自贫困和富裕两种家庭的人对党派的认同。表 4.3 引入了对家庭财产的控制,因为党派认同也可能与家庭财产有关。

1. 当我们考察表 4.3 中的两个群体时,表 4.2 中的初始模型是如何变化的?

2. 党派认同和教育之间的关系是否受到收入的影响?

3. 关于教育和党派认同之间的关系,表 4.3 中的结果有何指示?

4. 对于两个表格展示的模型,你能想到有什么逻辑可以说明吗? 哪个(些)是因变量? 哪个(些)是自变量? 为什么?

5

变量和关系的测量

Measuring Variables and Relationships

不是所有有价值的都能被计算，也不是所有能计算的都有价值。

——阿尔伯特·爱因斯坦办公室题壁

　　科学家主要测量三样东西：<u>变异</u>、<u>与变异相关的数据具有意义的概率</u>，以及<u>变量间的关系</u>。每项测量任务都有独特的途径和统计技术。当我们考察完成这些任务所需要运用的各种观念时，请记住：测量的精确性几乎总是名大于实。

　　本章在相当宽泛的意义上使用测量这个术语。第一个主题是变异的测量，我们将考察适宜于不同类型变量的各种测量。接下来，我们考察一些用于描述数据意义和代表性的技术，这些数据是通过科学程序获得的。有些技术可以相当精确地判断，一组数据是否只是特殊样本的结果，而不是有意义的测量的结果。在此过渡部分，我们将表明该如何构造抽样调查，还会讨论一些常见的民意调查错误。然后，我们就变量间的关系测量提出一些看法。我们的目的是要掌握一些简化数据的基本工具，把与两个或更多相关变量有关的数据简化为一个统计量，使之能刻画变量之间的关系。

　　按照惯例，测量作为一个术语只适用于第一个主题。第二个主题关注的是数据的意义和代表性问题，并且使用了概率，而概率在最狭隘的意义上并不是一种测量形式。第三个主题通常被认为是刻画事物之关联的问题，严格说来也不是测量的问题。然而，所有这三个主题（变异、意义和关联）都与确定某物的数量相关。因此，所有这三个主题一直都被恰当地归在测量这一总类目之下。

测量变量：测量层次

　　测量是个富有欺骗性的主题。初看起来，它似乎很简单——测量是回答"多少"的问题。当谈论长度或重量时，这个问题看上去相当容易回答，但当考虑信息化水平、人格特征、情感和态度诸如此类常见的社会科学素材时，这个问题就不那么容易回答了。困难的原因，与其说在于总计事物的个数，倒不如说在于被计算的事物的本质。

　　例如，在测量变量时，可从以下三方面来考虑确定我们能采用的测量层次：

1. 变量的属性或特征。

2. 适合于这些属性的测量技术。

3. 根据变量的属性和可资利用的技术，有哪些可能的测量层次。

举个例子，考虑婚姻状况这个变量。它指的是根据法律界定的一种分类：单身的（又可再分为未婚的、离异的或丧偶的）或已婚的（或许又可再分为一夫一妻或非一夫一妻）。在"测量"某人的婚姻状况时，这个变量的属性规定，你只能对它进行分类——不可能说某人结婚的程度非常高，或某人结婚的程度非常低。从法律的角度看，你要么结婚要么没结婚。一旦这样一种属性已定，婚姻状况这个变量并不需要十分花哨的测量技术。

智力这个变量则提出不同的测量可能性。这个变量的**属性**，并不仅限于对单纯分类的考虑：它所具有的属性暗含着相对大小的量。正是在这一方面，技术开始被采用。几个世纪以来，人们一直对如何测量智力这个问题感到困惑。相关努力包括，测试人们遇雨时是否懂得躲避——在这种情况下，智力可以被分成两类加以测量：那些懂得遇雨时躲避的人和那些不懂的人。然而，研究还在继续，而我们已拥有了智商测试。智商测试使我们了解到，人们如何能够通过回答一些特定种类的问题反映其智力水平，这些问题被认为与智力有某种关联。技术上的这种进步，使我们可根据与智力有关的量表，在其两个端点之间进行一定程度的细分。

测量本身自成一个研究领域。研究者一直想方设法发展测量技术，这些技术可以探究重要变量的所有属性。为了使我们对各种可能的测量的理解系统化，科学家已经提出一种分类，这种分类包括四种测量层次：

1. 名目（定类测量）

2. 顺序（定序测量）

3. 区间（定距测量）

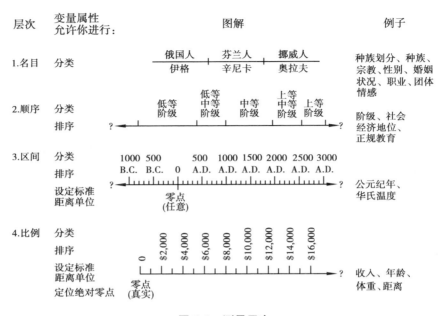

图 5.1　测量层次

4. 比例(定比测量)

　　上述测量层次的特征在图 5.1 中得到明确说明。**名目**层次似乎与测量并不完全一样,它指的是事物的分类。以种族划分为例。假设辛尼卡是芬兰人,伊格是俄罗斯人,那么,我们说的就是两个人所具有的某种属性,这一属性与被称为种族划分的那个变量有关。这是测量,但并非十分花哨的测量。我们不可能把芬兰人排在俄罗斯人之上(除非根据另外某个变量——比如对腌制鲱鱼的喜好,即使是那样,他们的喜好也会很接近)。因此,作为一个变量,种族划分的属性只允许分类或名目测量。[①] 名目测量,尽管层次较低,但总是时不时出现在社会科学中,如图中所列举的例子:种族、宗教、性别、职业,等等。

　　如果变量的属性除了允许分类之外,还允许排序,那么,只要有可资利用的技术,就可以尝试**顺序**层次的测量。在这一层次上,我们还

----

　　①　在每一个伦理群体内,我们还可以以门第为基础,鉴定某个人的遗产属于某一族群的比例是多少,但种族划分这个概念本身是分类性的。

可以用某个连续统来思考,所谓的连续统就是一种排列,它能够显示变量的变化,与单纯分类不同。阶级是一个例子,社会经济地位则是另外一个例子。我们可以说,艾冯斯属于上层阶级,而迈克属于下层阶级。这些是分类,但它们按照从低到高的顺序被排列在一个连续统中。正式教育也一样:安琪莉娜拥有博士学位,玛丽受过高中教育,而珍妮则拥有小学毕业证。但是,博士和大学学位之间的"距离"与高中文凭和小学毕业证之间的"距离"并不相同。这是排序,但并非标准距离。对距离的具体说明——或者更一般地说,事件之间的变化量——是迈进测量领域的重要一步。距离明显提高了测量的精密性,根据这种精密性,某一变量得以测量,并与其他变量发生关联。

倘若能落实标准距离,下一层次的测量便"应运而生":**区间**测量。在此,我们可以指定测量单位,借以说明各个事例相互间的距离有多远。这样做合情合理,但仍有一个技术细节引起我们内心的困惑。它与测量量表上的绝对零点有关。

区间测量没有真实零点。什么是真实零点?它有何用?以公元纪年为例,"零"年并非意味着,在那之前什么都未发生。我们确实不知道真实零年处于历史上的何处。零年是由于宗教原因在与基督生命的关系中被确立的,并且作为一个约定的参照系,起到前推后算的计年作用。华氏温度同样如此。我们都知道,华氏零度并不代表一个真实零点,因为华氏零下23度比0度冷得多。

比例量表却确实有真实零点。比例量表(比如距离)不同于区间量表,原因在于:例如,在一个比例尺上,零英寸就是表示零英寸——根本没任何距离可言。不可能有小于0的距离,或小于0的重量,或少于0(个)的香蕉。上述这些向我们表明,真实零点与任意零点(或出于方便考虑而虚构出的一个零点)之间的常规差异。

但是,真实零点有何用?答案取决于我们在比较比例或区间量表的观察时能够说些什么。如果哈蒂重200磅,劳瑞重100磅(比例量表),那么我们可以看出,哈蒂的体重是劳瑞的两倍。但是,假如星期一的气温是50度,星期三的气温是25度(区间量表),我们真的可以说,星期一的气温是星期三的两倍热吗? 你可以试图这么说,且侥幸事实确实如此,但实际上你不应该这么说,因为上述那种比较需要一个真实零点。当你要辨别某天的气温是另一天的两倍热时,你需要知道何谓热的完全消失。没有一个起点,距离可以被确立,比例则不然。

了解这些区分的原因事关关系的种类,这些关系可通过统计方法在变量内及在变量间加以确立。任务就是要避免苹果和橘子之间不同类别的比较。本书所谈及的统计学,只以数字背后的观念的形式出现——统计演算及各种统计操作的精妙之处,都留给更专门的论著。在此,我们只满足于简单的论点(就统计学的一般情况而言是很简单的)。大致说来:

> 在名目测量中,统计学处理的是每一类别中的事例频率(例如,种族划分:10 个芬兰人,3 个俄罗斯人)。
>
> 在顺序测量中,统计学描述事例依照某一变量的排序方式(例如,教育:小学、中学、大学)。
>
> 在区间测量中,要在一个量表上对事例之间的量化差异进行比较(例如,年代:1950 年、1990 年)。
>
> 在比例测量中,要对事例之间的绝对距离进行比较(例如,钱:10 美元、20 美元)。[②]

由于这些测量层次对于处理变量关系显得至关重要,因此,在继续研究之前,有必要弄清楚每一变量的合适的测量层次。当我们转向

---

② 摘自 Sidney Siegel, *Nonparametric Statistics for the Social Science* (New York: McGraw-Hill, 1956), p. 30。另请参阅 Chava Frankfort-Nachmias and David Nachmias, *Research Methods in the Social Science*, 6th ed. (New York: St. Martin's: 2000), Chapter 7。

对熟悉统计学的人而言,以下这些是适合于每一层次的统计量清单:
名目:模式、频数、列联表
顺序:中位数、百分位数、斯皮尔曼相关系数、肯德尔 T 系数、古德曼-库鲁斯卡的 gamma 系数
区间:平均数、标准偏差、皮尔逊积差相关、多重相关
比例:几何平均数、变异系数、OLS 回归

测量以相关(correlation)形式体现出来的变量关系这个问题时,我们就会明白更详细地阐明测量层次的重要性。

测量数据的显著性和代表性

我们现在要讨论的这些主题之所以结合在一起,并不完全是因为它们都与测量有普遍的联系,而是因为,它们都与分析数据的长处和缺点相关。这些主题就是概率、抽样和民意调查中的问题。民意调查为研究抽样和概率提供了一个有益的平台,但这些主题在社会科学中还有更广泛的应用。

概　率

为了掌握科学研究必需的统计工具,我们有必要熟悉一个概念:**概率**。概率在社会科学中占据的重要地位,远非本书几处描述就能表明的。概率构成了科学观点的基础。明了其原因,便能控制人类心灵中一些特殊的执拗习惯。

概率指的是某事发生的可能性或几率。我们计算下列事情发生的概率:通过一门课程考试的几率、一场约会实现的可能、一个队赢得一场比赛的胜算。《罗格特同义词辞典》(*Roget's Thesaurus*)列举了足够多的表示概率的替代词汇——幸运、冒险、机缘、命运、偶然、几率,以及其他一些词汇,这一事实表明概率这个概念在我们语言中的重要性。

我们开始就说过,科学作为一种手段,有助于人类应对生命的不确定性。将思想观念从头脑中"驱逐"出来,迫使它们进入经验观察的领域,并且在经验中检验它们,我们就获得关于世界的知识。我们努力摆脱环境的不确定性带来的不安全感,正是这种努力,提供了科学体制赖以建立的动力。但是,科学知识的特征就在于,它很少会坚如磐石。科学中的普遍性推论总是概率性的,因为观察只能提供有限的洞见，这一点有时很明显，但多数时候是晦暗不明的。

科学是几率的提炼，这一点要远比发现确定性更常见。事实上，社会科学家通常以一种语言来讨论他们的发现，这种语言表达了结果出错的可能性。他们为下列情况发生的可能性感到担忧：一组结果可能反映的是一个不精确的样本，或者另外一位研究者可能会从我们的结果中发现不同的结果。规范地说，我们很少会认为，社会科学决定性地证明了某种东西。③ 相反，我们经常会说一个假设得到有效证据支持的概率有多大。

抽　样

概率以何种方式植根于社会科学之中？作为对这种方式的一种说明，我们将考察概率统计的两种具体应用：其一就是确定数据组的统计显著性；其二就是构建关于较大总体的代表性样本。但在这两种应用中，目标都是一样的：尽力阐明一列数据揭示的不仅仅是变量间偶然的关系的可能性有多大。如果信息建立在一个劣质样本的基础之上，或者，如果它仅代表事例的反常结合，那我们就不能说，结果向我们表明了变量之间有任何确定的关系。了解这一点是很重要的，而概率统计提供了一些工具。

概率的第一种应用关系到从一个较大总体中抽取出的某个样本的代表性。假若一个样本的容量和特征已定，那么，我们从这个样本可以推断某一总体的特定特征的概率有多大？这种类型的概率，构成民意调查的基础。做民意调查的人总是试图估计，打算投票给特定候选人的公众占多大比例。在尝试概括一个巨大人群的特征时，我们几乎不可能调查每一个人。选择最小的、最具代表性的可能样本，是有

---

③　来自科学哲学领域、对实证主义的一种有影响的批评，可参见 W. V. O. Quine, "The Two Dogmas of Empiricism," in *From a Logical Point of View*, ed. W. V. O. Quine (New York：Harper & Row, 1961)。另请参阅 Alexander Rosenberg, *The Structure of Biological Science*(Cambridge, U. K.：Cambridge University Press, 1985)。

效进行民意调查的关键所在。概率统计被用来估计一个样本具有代表性的几率。

概率的第二种应用关系到估计一组观察是偶然发生的可能性。如果我们正在观察的结果，每出现 100 次中只有 1 次是偶然发生，那么，这个模型就相当有意义。连接两个变量（比如，收入和教育）的某个数据模型，每 100 次中只有 1 次是偶然发生的，那么，这个模型就告诉我们一些有用的信息。无须探究数学运算，我们便会认为，这一结果的显著性水平为 0.01。将样本的观察次数、变量的变化量，以及所观察的关系强度结合起来，就能计算统计量的显著性。最可能的随机结果分布是，一个表格的每一格中的事例数目都是一样的；最不可能的随机分布则是，所有事例都出现在一个格子中。

确定结果的**显著性水平**，构成一次重要的假设检验。最不可能随机发生的结果是，所有高收入的人都受过高程度的教育，而所有低收入的人都受过低程度的教育。自变量对因变量虽然有相当强的影响。在总体中，收入和教育之间都极有可能存在某种相关性。显著性检验告诉我们，在特定条件下，我们的假设是对（或错）的概率有多大。

就其最基本的形式而言，显著性告诉我们"某种特定的关系……是否值得深入思考——它是否值得我们付出额外的努力"。④ 有些社会科学家可能只处理显著性水平为 0.01 的数据，而其他一些社会科学家则将 0.05 视为显著性水平的判定值——意思是说，观察到的关系，每 100 次中有 5 次是偶然发生的（与 1 次偶然发生的几率不同）。研究者已普遍注意到，显著性水平是研究报告的一部分，这有助于对结果进行评价。

我们一直在讨论的两种概率应用是相关的：前者处理的问题是样本是否具有代表性，后者则与结果具有意义的几率相关。笼统说，这

---

④　关于显著性检验的一个明晰而又通俗易懂的讨论，请参见 Lawrence Mohr, *Understanding Significance Tests*, Sage University Paper Series on Quantitative Applications in the Social Science, no. 73（Beverly Hills, Calif.：Sage Publications, 1990）。

个问题就是:

> 样本具有代表性吗?［推断］
>
> 结果模式可能是随机发生吗?［显著性］

一个具有代表性的样本,为推断某一假设的可靠度提供了坚实基础,尤其是当观察模型具有统计显著性的时候。但是,一个糟糕的样本导致糟糕的推断,无论数据模型是否具有显著性。毫无疑问,根据概率论抽取的样本被认为是**概率样本**。

在抽样时所运用的技术,一般有两种:分层化和随机抽样。分层化涉及按比例展示样本中的重要特征,借此再造一个大的总体。假定我们因想测定某一社区对饮酒的态度而在当地一家酒吧选择一部分顾客作为样本进行访谈,由于此样本的特征(爱饮酒)对所思考的论题很重要,因此这个样本对社区居民的代表就超过了其应占的比例,因为禁酒主义者不会在酒吧泡着。这样一来,我们必须以另一种方式来选择样本:使得禁酒主义者亦有机会被包括在内。

如果运用分层抽样方法选取一份样本,以检验选举中的投票行为,我们会设法获得这样一份样本:它按比例反映出较大总体的特征——至少包括诸如阶级、宗教和教育等重要的自变量。但是,分层化(对投票者的特定特征进行比例抽样)必须被限定在一些分类相对较少的特征上。如若不然,为了按恰当比例填满所有变量的代表样本,我们可能会因为试图寻找那些极不可能集各种特征于一身的人而耗费宝贵资源。

随机抽样是随机选取一个足够大的关于总体的样本,以便这个样本有较高的概率再现整个总体的本质特征。随着样本容量的增长,样本具有代表性的可能性也在增加。例如,假如我们从一个全国人口为2.1亿的国家中,随机挑选5个人进行访谈,那么他们并不真正具有代表性的可能性很高,也就是说,挑选时可能存在相当大的误差幅度。随着样本容量的逐渐增长,只要受访者是随机挑选的,误差幅度便会降低。

对任何大小的总体而言,都有可能在数学上确定,一个既定的样本容量将以多大的概率产生某种可具体指明的误差幅度。误差幅度随着样本容量的增长而急剧下降，达到某一点时，样本容量的进一步增长带来的误差幅度减少很微小。正是这个点指示了最经济的样本规模。越过这个点，再增加两三倍、甚或十倍的样本容量，所能降低的误差幅度还是会相当少。

随机抽样的一个主要问题在于，为了访谈所有被选中的人士，访谈者不得不分散他们的努力，并且不得不在整个总体的各个角落中寻找受访者。大多数科学抽样均同时运用分层抽样和随机抽样。例如，在一个全国样本中，研究者可以挑选有代表性的市区，以及有代表性的乡村（分层化的一种形式），然后在这些目标区域中抽取一个随机样本。

电话抽样，尽管对那些没有电话的人存有偏见，但已经成为一种日渐流行的技术，因为计算机使得在特定电话交换机内进行随机拨号成为可能。然而，通讯技术中的革命，正给电话抽样带来新的偏差。寻呼机、BP 机以及电话答录机，都与大多数的电话交换机相连。过多的电话访谈令人恼怒，可能会提高对调查研究者的拒访率。良好的电话样本仍可以被抽取，但随着研究者努力降低这些新的偏差的同时，成本也在提高。互联网为成立应答者会谈小组创造新的可能，我们可以就一些重要的问题对他们进行调查。

为了进行美国民意调查，一些主要的学术性、商业性，以及媒体民意调查（比如皮尤研究、盖洛普、哈里斯、有线电视新闻网/今日美国、哥伦比亚广播公司/纽约时报、ABC 新闻/华盛顿邮报、美国全国广播公司/华尔街日报），均采用一种分层的随机样本，目的首先在于消除不方便的问题：比如，访谈一位远在内华达州的偏远地区随机挑选出来的牧羊人。样本容量通常约为 1 500 人。在这种大小的容量上，误差幅度在 0.05 显著性水平上约为 3%。意思是说，就意见测量而言，95%的样本，在正负 3%的范围内，可反映出实际总体。因此，假设49%的实际人口打算投票给民主党候选人，那么，95%的样本将产生出在 46%～52% 这个范围波动的估计值。⑤

民意调查中的问题

运用这种类型的样本预测总统选举时，一些主要的媒体公司一直有着相当辉煌的成就纪录，部分原因在于，他们一直很幸运，未抽到一个"异常"样本（5% 中的其中一个），还有一部分原因在于，他们的确对其样本进行了分层，一定程度上避免了异常样本的出现。倘若仅利用简单随机抽样，异常样本就可能出现。这并不意味着，他们的预测就相当准确。1996 年选举之前，哥伦比亚广播公司/《纽约时报》立即进行民意调查，结果过高估计了克林顿获胜的票额差数，高了 10 个百分点。《时代周刊》断定，它的"可能选民"样本是不恰当的。⑥

如果你试图利用一个样本来代表那些相互之间几乎无法区分的现实值，那么预测同样是困难的。2000 年选举夜，一些主要的广播公司所运用的投票后民意调查的数据，导致他们对佛罗里达州的结果两次做出错误预测。这使他们宣布，是戈尔而不是布什会当选总统。佛罗里达州的一个问题在于，那里的投票结果相当接近——基本上是 49% 对 49%。⑦ 由于这些广播公司呼吁佛罗里达州支持戈尔，所以他们得到的民意调查数据必定会显示出倾向——戈尔**至少**领先 1 到 2 个百分点，因此可以肯定，他们的预测超出了可接受的误差幅度。⑧

2000 年佛罗里达州投票后，民意调查**过分自信**地表示，戈尔会比

---

⑤   我们感谢 Albert Klumpp 提供这个例子。

⑥   参见 Michael R. Kagay, "Experts See a Need for Redefining Election Polls", *New York Times*（December 15, 1996）, p. A18。

⑦   在美国最高法院介入停止重新计票以后，最终的官方合计数字表明，在佛罗里达州 5 963 000 名选民中，乔治·布什的得票高于戈尔 537 张，即赢得 48.85% 的支持率。根据这个合计数字，戈尔赢得 48.84% 的支持率。布什在佛罗里达州赢得了相对多数的选举团的选票。

⑧   投票后民意调查，通常会运用大的分层的因州而异的样本，这些样本降低了一些主要的媒体民意调查所使用的误差幅度的标准，即在上下 3 个百分点之间波动。

布什赢得更多选票。这并不意味着,有关谁会赢得选举的预测就是完全错误的。投票后民意调查测量的是,投票者在选举日**想**将选票投给谁。相对多数的佛罗里达州的投票者,可能的确想在选举日投票支持戈尔——但是,投票者的过失、设备故障,以及选举结束后非法地将海外选票计算在内,这些都搅乱了最终的计数,并且可能剥夺了戈尔当总统的机会。⑨ 即使将所有这些因素都考虑在内,这些民意调查还是过高估计了那些自信已投票给戈尔的选民的比例。不管怎么说,戈尔和布什(所获选票)之间的真实差额就不到 0.05 个百分点。一个极具代表性的样本应该已经表明了这一点,并且能使广播公司认识到,两人的选票是如此接近以至于无法在广播中播出(一个明确的当选结果)。

理解抽样的另外一种方式,就是思考劣质样本如何导致错误的结论。劣质样本在预测总统选举时曾导致一些严重的错误。一个现已停办的刊物《文摘》,由于每次选举都要对无数投票者进行调查,而且(精确地)预测了 1924 年、1928 年和 1932 年的总统选举,所以一度闻名遐迩。许多人将这些预测的精确性归功于庞大的样本容量。《文摘》从拥有小轿车和电话的人的列表中抽取一部分人,并用邮寄的方式对他们进行调查,然而,这种方法在 20 世纪 20 年代和 30 年代要冒很大的风险:它使得不怎么富裕的人的比例过低。1936 年,在对超过二百万的投票者进行调查之后,《文摘》根据其样本推断,阿尔夫·兰登(Alf Landon)将击败总统罗斯福,因为兰登将获得 57% 的选票。总

---

⑨ 对未被计算在内的穿孔卡片、悬挂式选票、毛虫式选票、蝶形选票的选举后的审查,以及被非法计算在内的"海外"选票,均表明:在佛罗里达州的选举中,想投票支持戈尔的人,要比投票支持布什的人多几千人。参见 Jonathan Wand et al, "The Butterfly Did It: The Aberrant Vote for Buchanan in Palm Beach Country, Florida", *American Political Science Review*, 95, no. 4 (2001): pp. 793-810. David Barstow & Don Van Natta Jr "How Bush Stole Florida: Mining the Overseas Ballots" *New York Times*(July 15, 2001). Kosuke Imai & Gary King, "Did Illegally Counted Overseas Ballots Decide the 2000 U. S. Presidential Election?" Manuscript. Department of Government, Harvard University. 2001。

统是兰登？事实并非如此。兰登在选举中仅获得 36% 的选票。应当强调，一个大的样本并不必然抵消无代表性。[⑩]

类似于分层随机抽样的技术已大大提高了民意调查的可信度，但是，候选人和利益集团所进行的调查有时还会重蹈《文摘》的覆辙。请看表 5.1 所示的数据。在 1992 年总统竞选的过程中，独立候选人罗斯·佩罗（Ross Perot）的集团，通过《电视指南》杂志将民意调查报告邮寄出去，并对读者做如下要求：当他们观看某一候选人的电视演讲时，就在他们的选票上做出相应的标记。随后，读者的反馈意见被寄回佩罗集团。然而，当另外一个集团采取随机概率样本，并向应答者提出同样的要求时，他们得到的结果与佩罗集团报告的结果大相径庭。[⑪] 佩罗集团的数据犯了**样本偏差**的错误，他们并未真正尝试随机化或分层化。因此，这种民意调查不可能成为民意的可靠代表。

应当注意的是，除了样本的代表性之外，其他误差来源也悄悄地在调查研究中蔓延。某一研究者可能已经挑选了一个具有高度代表性的样本，但其测量工具可能导致误导性的答案。常见的误差来源包括表 5.2 中列举的那些。

除了这些明显的误差类型外，还有一些误差源自一种困境：你很难确定你在测量的东西就是你认为你正在测量的东西。举个例子，我们想了解人们对穷人的个人同情心，出于对此的兴趣，我们提出这样

---

⑩   1936 年选举成就了乔治·盖洛普（George Gallup）。他用一个相当小的、相对随机的"定额"样本，预测罗斯福将获胜。至于对这次选举中的民意调查的说明，请参阅 David W. Moore, *The Superpollsters*（New York：Four Walls Eight Windows, 1992）。但是盖洛普 1936 年所使用的定额方式，却导致了另外一次有名的（预测）失败：他的样本导致他预测杜威将在 1948 年选举中击败杜鲁门。自 1948 年以后，盖洛普和其他的民意调查最终采用了概率样本。

⑪   Daniel Goleman, "Pollsters Enlist Psychologists in Quest for Unbiased Results," *New York Times*（September 7, 1993）, pp. B5, B8. 另请参阅 *The Public Perspective*（Roper Center for Public Research）, May/June 1993。

表 5.1 税收和支出:样本偏差的影响

问题 1:你是否相信,税收每增加 1 美元,就应当出于赤字和债务削减的需要而节约 2 美元的支出?

	是(%)	否(%)	没有答案(%)
《电视指南》回邮的回答	97	无资料	无资料
杨克维奇全国样本	67	18	15

问题 2:是否应通过法律,以排除特定利益集团捐巨资给候选人的所有可能性?

	是(%)	否(%)	没有答案(%)
《电视指南》回邮的回答	99	无资料	无资料
杨克维奇全国样本	80	17	3

注:"H. Ross Perot Spurs a Polling Experiment(Unintentionally)"引自 David M. Wilbur《公共视点》(Public Perspective, Vol. 4, No. 4(1993), pp. 28-29。再版经过了公共意见研究中心的许可。

表 5.2 常见的误差来源

误 差	例 子
模糊问题:	你是否认为,我们应当为了和平或强大的国防而奋斗?
诱导某种成见答案的带标签意味的问题:	你是否认为,未出生的婴儿有生命权? 你是否认为,怀孕妇女应当有权选择堕胎?
超出回答者信息范围的困难问题:	你是否赞同美国在与俄罗斯进行裁减军备的谈判中对弹道飞弹部队所持的立场?
不适合问题主题的回答选项:	你感觉未来会更好还是会更差?
包含不止一项议题的问题:	你是否更有可能支持一位赞同校车接送以及强大国防的候选人,或者更有可能支持一位个性讨喜的候选人?

一个问题:你是否赞同穷人在饥饿时偷面包的行为? 某个对穷人抱有极强同情心的人,可能会说"我不赞成",因为那个人在对穷人抱有极强同情心的同时,还极其尊重法律和秩序。请注意,这个问题并非没有意义,误差来源于把某种不恰当的意义赋予回答。除了预想的一个变量(对穷人的态度)之外,这个问题还提出了另外一个供讨论的变

量——对法律和秩序的尊重。⑫

　　除了草率的测量所导致的误差之外，还有就是用来概括数据特征的统计程序所引起的误差。至少在一种较低的程度上，统计学往往会歪曲现实——这也正是统计学家为什么更愿意运用多种技术概括数据特征的原因所在，目的就是要避免单一程序所造成的偏差。

测量变量间的关系：关联和相关

　　确立两个或多个变量间的**关联度**，成为了科学事业的核心目标。科学家花大量时间阐明一个事物如何与另一事物相关，并将这些关系建构为说明性的理论。

　　与其他形式的测量一样，关联问题也经常出现在一般的生活谈话中，比如在下面这些话中："有其父必有其子"，"窥一斑而知全豹"，"一天一个柑橘，远离坏血病"。在从统计上测量变量间的关联程度时，科学家是在做名副其实"科学"的事情：将司空见惯的行为严格化和精确化。

　　有时可以用一些简单方式来概括关联的特征。一个变量对另一变量的影响可以用文字或统计数字来描述。"用 Crust 牙膏的人，有更少的龋齿"这个陈述，表示了自变量（用 Crust 牙膏刷牙）和因变量（龋齿的数量）之间的关系。

　　在对关联进行具体说明时，可以有效地使用诸如中位数、平均数及标准偏差这类**描述性**统计量。例如，我们在第 2 章关于选举制度和投票人数的讨论中，三种不同类别的选举制度下给出的就是各类国家选民参与的百分比的平均数（见表 2.2）。这使我们能分析选举制度对投票人数的影响，而且，百分比的差异是很容易进行的比较手段。例如，我们在第 3 章关于社团成员身份和世代之间关系的讨论（见表

---

　　⑫　对民意调查的一个通俗易懂的介绍，可参见 Herbert Asher, *Polling and the Public：What Every Citizen Should Know*（Washington, D. C.：CQ Press, 2004）。

3.3)表明,在最年轻的年龄群中,46%的人并不属于任何自愿团体。倘若年龄段和团体成员身份之间不存在任何关系,那么我们可能会以为,在每一年龄段中,都有46%的人没有加入任何团体。事实并非如此。在老龄群中,只有25%的人没有团体成员身份——二者之间差了21个百分点。

在这一点上,我们可能会问,21%是否是一种足够大的差异,以至于我们可以说,年龄段和团体成员身份之间存在某种关系。在这种情况下,答案是肯定的。关于关联和相关的测量,为我们提供了回答这些问题的工具。[13]

关联和相关的测量

为了特定的应用,统计学家已经发展出更为精致的工具来阐明变量间的关系:关联和相关的测量。不同层次的变量测量,需使用不同的统计方法来对关联进行检验。结果我们得到一碗关于检验的"字母汤"(alphabet soup),检验值通常用希腊字母表中的字母标示,例如,χ(chi)和ρ(rho)。所有这些检验总是共有某种通用的逻辑。

关联和相关的测量,通常被作为一种统计问题加以研究,在此,我们将集中讨论它们背后所隐藏的观念。当你看到某一相关统计量时,我们的讨论应该能帮助你认识到它。要理解算法和用法方面的限制,你可以参考统计学教材。

相关的基本观念,就是在统计上描述变量间的关联的方向和强度。假定所有其他条件都一样,那么,关联测量就可以概括彼此相关的两个变量的动向。

相关分析能帮助你根据单一统计量来了解关联的方向和数量。**方向**指的是关联是正的还是负的。随着变量 A 的增加,变量 B 也增加,这时两个变量间就存在一种正相关。也就是说,变量 A 随着变量 B 的上升而上升(反之亦然)。随着变量 A 的变化,变量 B 朝相反方

---

[13]　在表3.3中数据的卡方值很高,样本容量也很大(20 716),这意味着下述情况发生的概率相当低:团体会员数与年龄段不相关。

向变化,这时两个变量间就存在一种负相关。在负相关的情况下,随着 A 的增加,B 减少(或者,随着 A 的减少,B 增加)。

举个例子,一个气球中氦分子的数量与气球的上升速度之间就存在一种正相关。上升速度和附在气球上的重量之间则存在一种负相关。正/负相关,用相关数字前的"+"或"-"表示。

相关强度用数值大小表示,这些数值的**取值范围**是从 0 到+1.00 或从 0 到-1.00,可参见图 5.2 的说明。因此,相关统计提供了变量间关系的简单指标。

所有统计量表现出的精确性都可能存在误导,相关统计背后的数学运算牵涉到需要谨慎思考的假定。

除此之外,计算关联测量的各种技术,也会导致少许偏离真实数据的结果。

了解相关运算的一般技术,将使你能够看出一些(尽管不是全部)问题。尽管如此,在不完美的测量界,这些统计量仍然是有价值的工具。

用以计算关联测量的技术因所运用的不同测量层次而变化。如果在名目层次上测量两个变量(单纯的分类),那么,相比在区间量表上测量两个变量的情况而言,就很少可以对关联的特征进行概括。事实上,对每一种测量层次而言,都存在可供利用的相关技术,我们将对这些技术如何起作用进行一般性的说明。

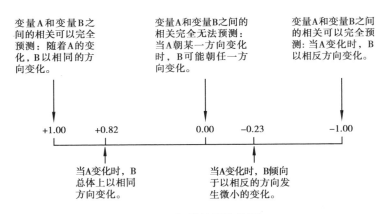

图 5.2　相关的取值范围

名目层次上的关联。名目测量只涉及简单的分类,是低等级的测量,而且与其相称的关联测量实际上不应当被称为相关。**列联系数**是一种统计量,通常用来概括数据的实际分布在多大程度上偏离两变量无关联时的分布。

假设一位研究者想检验一部古老的斯蒂夫·马丁(Steve Martin)的电影片名所陈述的主张——死亡男人不穿彩格衣。他决定检验死人和活人穿彩格衣的相对发生率,以观察死者是否确实有差异——就男式服装而言。这位研究者随机观察了 20 个男性活人作为样本,并在当地殡仪馆察看了 20 具男性尸体。如果结果表明,死亡男人和活着的男人,穿彩格衣的情况一样常见,那么马丁的主张(可视为一个待验假设)没太大价值。

表 5.3 呈现了一组结果,这些结果表明,穿彩格衣与男性的状况(无论是死者还是活人)之间并没有关联。两个变量间没有关联,这正是我们可能看到的情况。数据显示,24 个穿彩格衣的男人,均分在活人和死人之间。同样,16 位不穿彩格衣的男人,在活人和死人的分布也是一样多。在这种情况下,列联系数将是 0。

但是,假设我们实际上观察到其他不一样的情况——假设死者和活人当中,穿着彩格衣的男性的数量存在差异,结果又会如何?如何用精确的统计术语来表达呢?

表 5.3　穿彩格衣的预期发生率

穿着类型	男性的状况	
	活着	死亡
彩格衣	12	12
非彩格衣	8	8

表 5.4　穿彩格衣的实际观察到的发生率

穿着类型	男性的状况	
	活着	死亡
彩格衣	5	14
非彩格衣	15	6

列联系数的计算是根据以下两种数据分布的比较得来的：（1）如果变量间不存在关联，我们预期观察到的值（表 5.3）；（2）我们实际观察到的值（表 5.4）。表 5.3 的结果，可以表达为卡方（chi-square）统计量，或列联系数。由于卡方没有上限，所以出于解释的考虑，它通常被转换为类似于列联系数的统计量，较大的值反映较强的关联。如果我们发现，数据分布的确如表 5.3 所示，[14]那么，卡方值就等于 8.12，列联系数将是 0.41。这些统计量指出，死亡与穿着之间存在某种关联——但并非电影片名中所指出的那种，相比活着的男人而言，穿彩格衣的死亡男人的比例似乎更大。

用更系统的语言来说，这种数据分布指出，死亡和穿彩格衣之间存在某种关联。列联系数被用来概括非排序性的、名目层次的变量间的关联。[15] 这个测量值在-1.00 到+1.00 这个范围内变化。记住，负统计量表明，随着一个变量的增加，另一个变量便会减少（反之亦然）。正统计量意味着，两个变量朝着相同方向变化。

顺序层次的相关。"顺序"意味着排序。这一特征为顺序层次上计算的统计量提供了基础，对变量中的类目进行排序的同时又进行分类，当这种可能性存在时，确立真正的相关性就成为可能。我们可以根据事例依照两个变量的排列顺序来比较它们的等级。举个例子可能有助于说明这一点。

假设有 160 名孩子参加了学校的滑雪班，现在要对他们在该班中的定位进行评估。教练做事有条不紊，他相信，来自越多子女家庭的孩子（已从他们的兄弟姐妹那里学了很多）滑雪技能就越好。教练根据这些孩子的技能按照从最好到最差的顺序，对他们进行评价并分成不同的组：专业级、高级、中级、初学者。他有两种有序的分类：一是滑雪技能，按照专业级、高级、中级、初学者的顺序排列：二是家庭规模，

---

[14]　参阅 G. W. Bohrnstedt & D. Knoke，*Statistics for Social Data Analysis*（Itasca, Ill.：F. E. Peacock, 1988），p. 310。

[15]　其他以卡方为基础、在 0 到 1 这一数值范围内、在名目层次上评估所测量的变量间关联的统计量是克拉马的 v 系数和 ϕ（phi）系数。

按照庞大、大、中等和小的顺序排列,他打算检验的假设是:家庭规模与滑雪技能之间存在关联。

如果该假设为真,那么,数据将呈现一种特定模型。随着家庭规模的增大,滑雪技能会相应地提高。来自庞大家庭的孩子将集中分布在专业级这个类别,而来自小家庭的孩子将集中分布在初学者这个类别。假定她所发现的数据分布,呈现在表 5.5 中。

从这些数据看,这种关系不是十分清楚,但我们还是可以看到一种显著的倾向:来自庞大家庭的孩子要比那些来自小家庭的孩子停得更平稳。现在,我们需要一种有助于确定关联度的统计量。古德曼-库鲁斯卡(Goodman-Kruskal)的 γ 值和其他类似的统计量,运用一种有趣的逻辑演算来概括关联度。γ 值反映的是:已知自变量(家庭规模)的等级分布,在预测因变量(滑雪技能)的等级分布时,误差减少的比例。如果某个孩子的家庭规模完美地预测了其滑雪技能,γ 值就会很高;若相反,γ 值就会很低。

回到这个假设:当我们提高反映家庭规模的刻度值时,数据是否表明,反映滑雪技能的刻度值会有相应的提高?在表 5.5 中所呈现的数据中,γ 值是 0.93。这意味着,如果我们知道一个孩子的家庭规模,那么,我们预测其滑雪技能所处等级的能力将提高 93 个百分点(相比我对这个孩子的家庭规模一无所知的情况下的预测能力而言)。这一点是否证实了这个假设?是的。家庭规模和滑雪技能之间具有一种正相关关系(至少在这个虚拟的例子中是这样的)。

表 5.5 按家庭规模对滑雪技能分类

技能水平	小家庭	中等家庭	大家庭	庞大家庭
专业级	0	0	5	30
高 级	0	10	20	10
中 级	5	15	15	0
初学者	35	15	0	0

区间和比例层次的相关。为了进行区间或比例测量，你必须能够确立分析单位之间的距离。根据专业级、高级、中级和初学者将滑雪者排列起来，这还不够好，专业级和高级之间，以及与其他类别之间的距离量必须得到具体说明。专业级和高级滑雪技能之间的差异，可能与中级和初学者之间的差异完全不同。随着距离的阐明，我们便有可能运用一种相关统计量，它可以利用距离来测量变量间的关联。

区间和比例测量允许我们使用一种相当不错的统计量，它被命名为皮尔逊积差相关系数，或皮尔逊相关系数（Pearson'r）。

为了化繁为简，我们将编造一个相当简单的例子：私有油井数量和悍马车的数量之间的关系。我们的"样本"由5位拥有油井的业主组成。为了弄清楚皮尔逊积差相关的数学运算可实现什么，我们来考虑两组可能的数据。首先，假定油井数量和悍马车数量之间存在+1.00的相关。我们可以宣称，图5.3所演示的两组数据，同样具有+1.00的相关。

请注意，图中所画的连接每一事例的实线表示两个变量间的如下关系：油井每增加一口，悍马车便增加两辆。即使这条直线在平面上移动，也仍然可以得到完全相关的结果，例如那条虚线。它表明，你在没有油井的情况下，也可得到一辆悍马车，但是，每额外增加一辆悍马车，似乎就有必要挖一口新的油井。

现在，我们设想这样一组数据，在其中，数据点并**没有**出现在一条直线上。倘若数据分布是如表5.6和图5.4所示，我们便无法画出任何一条直线来连接所有数据点。假设存在一条直线，它最接近图中各点，亦即，它将所有数据点偏离这条线的距离最大限度地缩小。通过一种数学处理，皮尔逊相关系数可以认定，一条表示线性关系的想象直线周围点群（points cluster）靠近该线的紧密程度。由于数学上的原因（这里的说明就留给数学家了），数据点与这条线之间的偏差，根据距离的平方（$a^2+b^2+c^2+d^2$），而非单纯的距离之和（$a+b+c+d$）来计算。数据点与最恰当的那条线之间的距离越远，变量A与变量B之间的相关度便越低。就图5.4来说，皮尔逊相关系数为+0.85。

皮尔逊相关统计可以被用来提供另外一条重要信息。对皮尔逊

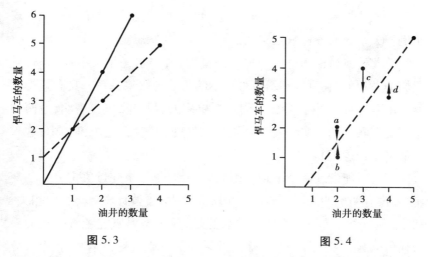

图 5.3　　　　　　　　　图 5.4

相关系数进行平方,我们就可发现,自变量的变化所解释的因变量的所有变化的比例。以图 5.4 中油井和悍马车之间的关系为例,皮尔逊相关系数(r)是+0.85,所以 r^2 就是 0.72(0.85×0.85)。因此,某人所拥有的油井数,可解释 72%的私有悍马车数量。其他变量则解释剩余 28%的变化。

表 5.6　油井和悍马车

悍马车的数量	油井数				
	一口	二口	三口	四口	五口
一辆		1			
两辆		1			
三辆				1	
四辆			1		
五辆					1

另外一种可能,假设所有点都落在一条线上(如图 5.3 所示)且 r=+1.00,那么 r^2 还是等于 1.00(也就是说,1×1=1)! 油井数量与悍

马车的数量完全相关,并且没有任何变化需要留待其他因素解释。附录 B 中报告的研究含有一些类似于图 5.4 的散点图,清晰地演示了皮尔逊相关系数的各种数值实际上可能呈现的状态。

就此处所讨论的每一种关联测量而言,皮尔逊相关系数(r)告诉我们的是相关,它可能暗示也可能不暗示某种因果关系。具有显著性的 r 并**不表明**,油井数**导致**人们拥有更多的悍马车,仅仅表明,这两样东西是有联系的。实际关系可能是颠倒的(尽管在这个例子中,这一点似乎不合逻辑)。

我们可能发现两个事物是相关的,但对哪一个变量决定另一个变量,并没有明确的想法。假设一位研究者发现,教育成就与智力相关。那么,哪一个导致另一个呢? 关联测量,并不需要研究者对因果关系做任何假定。统计学并不确立因果关系;因果关系取决于关系的逻辑。

请注意这套程序无法实现的其他东西。皮尔逊相关系数为+1.00,这仅仅表明,A 的任何变化都相伴着 B 的相应变化。它并未向你表明,B 随着 A 的变化而发生相关变化的单位数量是多少。在图 5.3(实线)所示的例子中,所发生的情况是这样的:油井每增加一口,悍马车便增加两辆。但若假设情况是这样的:油井每增加一口,悍马车就相应地增加 1 辆,或 1/2 辆,或 3 辆,这样仍可得到+1.00 的结果。

用数学术语来说,皮尔逊相关系数仅告诉你一条想象的直线周围的数据点分布。它**并未**告诉你这条线的斜率,换言之,它并未告诉你,A 每变化一个单位,B 的变化量是多少。一种包含更高级统计概念的不同的统计程序,即所谓的回归分析,处理这个问题。

回归分析

这种普遍应用的测量方法旨在刻画变量间的相互影响。**回归分析**为这些特征增加一种新的精度。借助回归分析,如果你知道一个自变量的值,你就可以开始预测因变量的值。

有两种基本的回归类型:双变量回归和多重变量回归。与相关分析一样,双变量回归阐明,单一自变量的变化程度如何与一个因变量的变化相关。多重回归考察的是,若干不同的自变量如何与一个因变量发生关联。

作为双变量回归的一个例证,我们来思考一个有关职棒大联盟的简单例子。既然职业棒球队在球员工资方面开支不同,我们可能想了解,高额支出是否与球队的最终排名相关。球队薪金总额对胜率有多大影响? 双变量回归根据下列线性方程式,概括出两个变量间的关联,可帮助解答上述问题。

$$Y[\text{胜率}] = a + bX[\text{球队薪金总额}]$$

用文字来表达这种关联,就是说:变量 Y(球队胜率)的值,是某一常量加上一定数量的变量 X 的一个函数。我们感兴趣的问题是,球队支付给队员的薪金总额是否影响到它在赛场上的成功。换言之,变量 Y(胜率)的变化,有多少与变量 X(球队薪金总额)一个单位的变化相关联。答案取决于 b,即回归系数。[⑯]

我们可以运用 2012 年棒球赛季的资料来检验这一假设:较高薪金总额的球队将赢得更多比赛。[⑰] 针对 30 支不同的大联盟球队,我们所测量的球队薪金总额(变量 X)是一支球队付给每位队员的平均工资,以百万美元为单位。我们所测量的胜率(变量 Y)是这支球队在 2012 赛季获胜场次的百分数。这两个变量间的皮尔逊相关系数是 0.30,这表明,球队花费的金钱越多,它们赢得比赛的场次也就越多。双变量回归表明:

---

⑯　用代数术语来说,b 代表 X 和 Y 之间关系的斜率。将代数与棒球结合起来,若我们将 Y 与 X 的关系绘制在图表上,那么 b 就是"纵距与横距之比"。

⑰　胜率数据于 2012 年 6 月 5 日算出。薪资数据来自于今日美国 2012 年度 MLB 薪资数据库。

棒球作家保持着一种奇怪的传统:根据"百分率"来报道一个队的纪录,事实上,当他们这样做时,他们实际描述的是比例。也就是说,当一个队的胜率超过"0.500"时,这个队才算获胜。我们的数据作为真实的百分比被记录在案,所以获胜也就意味着纪录超过 50.0%。如果我们将比例(而不是百分比)融入我们的分析中,那么 b 就要用比 100 次更小的单位来表示。

球队获胜百分比 = 44.7% + 0.054 × 球队薪金总额（以百万美元为单位）

这意味着，一支球队的薪金总额和获胜百分比之间关系的斜率是0.054。换句话说，平均每多付给一位队员一百万美元，一支球队赢得比赛的场次就会增加0.054个百分点。听起来似乎增加不多，但在2012赛季，平均每支球队花在球员身上的薪金大约为9 800万美元。而另外有1亿（100个百万美元）美元花在天才球员身上，从而使胜率增加了5.4个百分点（100×0.054 = 5.4）。整个赛季162场球赛，第一名的球队要比第三名的球队多赢5场球，甚至更多。这些结果表明，球员薪资达到平均数的球队，将赢得大约50%的比赛（44.7% +（0.054×98）= 49.99%，按照棒球运动的术语，亦可记为0.499）。[18]

根据球队的薪资总额，建构胜率模型，只能解释整个30支大联盟球队在胜率方面的10%的变化。这意味着，其他的变量——明星球员受伤、老道的球队经理、低价购买力强劲的投球手、报酬（低廉的有天赋的年轻球员，以及其他一些难以捉摸的变量——在解释为什么有些球队获胜而另一些球队失利时，要更具说服力。[19] 棒球运动的例子生动地说明了我们有时在社会科学领域发现的某些要旨：我们的回归模型有很多东西是无法解释的，因为我们模式化的某些不西，很可能是那些难以量化的无形变量的结果。

我们来思考另外一个例子。在附录B中，托迪·多纳、大卫·丹内马克和肖·鲍勒探讨了不同国家对政府的公开信任水平的差别。如附录B表1所示，在日本，不超过10%的调查回答者同意：他们认为

---

⑱　Y轴截距的常数（44.7%）代表的是：如果X是0，那么Y的值将是什么——在这个例子中，代表的是一支由优秀业余球员所组成的未付报酬的球队，能够在一个赛季赢得比赛的百分比。

⑲　因为这个例子中的皮尔逊相关系数r是0.32，所以我们知道，（球队的）开支解释了球队胜率方面10%的变化（0.32×0.32 = 0.10）。由r^2所代表的模型拟合度之所以只有0.10，其中一个原因在于：有些球队（匹茨堡海盗及华盛顿国民），薪资低于平均数，在2012赛季中段取得了更好的纪录，而另一些球队（费城人队及波士顿红袜队）开支独领风骚，却在大部分的比赛中失利。

人们相信政府在大多数时候是"做了正确的事"。相反,在面对同样的调查问题时,丹麦的大部分回答者说,他们是信任政府的。相较于德国人、波兰人和日本人而言,美国人对政府的信任似乎远超他们,但远低于丹麦人、芬兰人和瑞士人。这里的研究问题很直接:为何某些国家国民的政治信任远高于另一些国家?

对于这些研究者而言,幸运的是,有大量文献为政治信任的跨国差异提供了说明。有些人主张,对政府的信任或不信任植根于国家的历史文化中,无论高度的不信任造成什么样的恶劣后果,都没有太大办法改变。另外一些人声称,民主制度运行良好的地方,信任程度就高,而不信任是政府工作短期失败的产物。作者运用相关和双变量回归检验了其中的一些论证。作为一个例子,他们考察了一个国家中说自己信任政府的人的百分比(因变量,Y)和认为公共服务领域普遍腐败的人的百分比(自变量,X)之间的关系。

该项研究的作者发现,就 29 个样本国家而言,一个国家的整体信任水平和国家对公务员腐败的整体感受之间的相关是 0.60。这两个变量间关系的斜率是−0.36,Y 轴截距为 39.0,r^2 为 0.35(见附录 B 图 5)。相关系数的负号表示,政治越腐败的国家,政府信任水平越低——负向的、相反的关系。利用回归分析评估的腐败和信任关系的斜率,揭示了这两个变量之间的线性关系;即,自变量(该例中是腐败)一个单位的变化在多大程度上与因变量(信任)的变化有关联。在该案例中,−0.36 的斜率表明,一个国家中认为其公务员腐败的人数每增加 1%,信任政府的人数就会降低 0.36%。

当回归牵涉到一个以上的变量时,将会如何?(直接与政治相关的一个例子又会如何?)举个**多元回归**的例子,假设你注意到,在选举政治方面,你朋友的参与度差异很大。他们的活跃程度可能处于此处举例说明的连续统中:

从不投票者　5%~10%的选举投票者　全部选举都投票者

为什么一些人比其他人更活跃?先在于投票积极性之前(或独立

于积极性)的因素,可能包括收入水平、教育程度或先前对政治的经验水平(称它们为自变量)。每一种因素在逻辑上都可能与积极性程度相关。多元回归可以同时分析若干自变量的影响。这种技术将单一自变量的影响分离出来,而同时又限定(或使其保持不变)其他自变量的影响。

为了继续考察这个例子,我们从一个人所参与的政治活动(包括,投票、竞选、捐助候选人、参与抗议或示威等)的数量中得出一个分值,根据得分的多少,我们就可以对政治积极性这个因变量进行具体操作。参与的活动越多,参与得分也就越高。简单起见,我们姑且假定,我们对政治积极性的测量值,在 0 到 10 这个范围内变化。

如先前所见,相关测量使我们得以了解到,(比如说)收入和政治参与之间是正相关还是负相关(随着收入的增加,参与是上升还是下降),而且,相关还可以确立,一个变量如何紧随另一个变量而变化。

在对收入和政治参与之间的相关有所了解的情况下,你可以估计出,相比穷人而言,富人是否在政治上更积极。但是,假如你想以更高的概率来预测政治参与的变化量与收入水平的一个单位的变化之间的关联,就需要回归分析。在对一个或多个额外变量的影响进行限定的同时,若想检验一个自变量对一个因变量的影响,就需要多元回归。

例如,我们可能料想,政治积极性的变化同时与收入及教育相关联。多元回归从统计上估计每个变量对因变量的单一影响而同时使其他自变量保持恒定。因此,在限定收入水平的同时,我们可以了解教育是否影响政治参与。多元回归表格通常会标明所分析的每个自变量的 b 值(斜率或回归系数)。它们可以被解释为:在其他被包括进来的变量(X_2, X_3 等)保持不变的情况下,与一个自变量(X_1)的一个单位的变化相关联的一个因变量(Y)的变化量。

回想一下我们在第 4 章关于控制和虚假性的简短讨论。社会科学家通常无法运用实验室来控制或使多元变量的影响"保持恒定"。例如,将特定收入水平和教育程度随机分配给不同的人,然后将他们置于观察中,并等着观察政治参与行为是否以不同的比例出现在具有不同收入和教育水平组合的人们当中,这样做不仅不可能,而且也是残酷的。基于上述原因,社会科学家通常测量已有的现象,然后运用统计程序(比如多元回归)来控制那些无法(或不应该)被操纵的变量的影响。[20]

当自变量根据不同单位得以测量时,对多元回归系数的解释可能会变得很复杂。由于收入测量(单位:美元)的范围远比教育测量(单位:上学的年限)的范围要广,所以很难就这两个变量的回归系数进行比较。但是,一种统计技术可使它们具有可比性。比较单位可以用标准偏差单位表示。

"正态的"变量分布,大约2/3的观察值会落在中位数上下一个单位的**标准差**范围内。最远端的分值,位于中位数上下两个或三个单位的标准差范围内。

若一个变量有大量观察值位于变化量的最高与最低端,那么,无论变化范围有多大,该变量都将具有较大的标准差。若一个变量的分值都集中在平均数周围,它将具有较低的标准差。这种将偏差标准化的方法,通常被用于回归分析。[21]

随之而来的标准回归系数一般指的就是**贝塔系数**,与皮尔逊相关

---

[20] 处理回归的数学演算超出本书讨论的范围,但就这一主题,有无数的教材可供参考。简洁易懂的介绍,可参阅 L. Schroeder, D. Sjoquist, and P. Stephan, *Understanding Regression Analysis*, Sage University Paper Series on Quantitative Applications in the Social Science, no. 57 (Beverly Hills, Calif.: Sage Publications, 1986);另参阅 M. Lewis-Beck, *Applied Regression*, Sage University Paper Series on Quantitative Applications in the Social Science, no. 22 (Beverly Hills, Calif.: Sage Publications, 1980)。

[21] 运用标准回归系数带来大量技术上的问题。一些学者建议,研究发现应当只根据"真实"单位来表示。参阅 Gary King, "How Not to Lie with Statistics," *American Journal of Political Science* 30, no. 3 (1986): 666-687。

系数一样,它通常在-1.00到$+1.00$这个范围内变化。就我们例子中的因变量(政治积极性)而言,如果我们发现,收入的贝塔系数是$+1.00$,那么这将表明,收入的一个标准偏差单位变化与政治参与的一个标准偏差单位变化有关联。如果我们发现,贝塔系数是$+0.50$,那就可以推断,收入的一个标准偏差单位变化与政治参与的半个标准偏差单位的变化相关联。

回归系数和贝塔系数是回归分析的一个组成部分。另外一部分是多元相关统计量,即R(不要同皮尔逊的小写的r混淆,小写r处理的是单一自变量的问题)。R指明一组自变量和一个因变量之间的相关。与r一样,我们也可以对R进行平方,R^2表示,由所考虑的一组自变量所解释的一个因变量的变化比例。

总而言之,如果我们运用计算机统计软件包,就收入和教育对政治积极性的影响进行多元回归分析,那么,我们的结果将包括每一个自变量的b值和$beta$值,而且还包括R^2,它描述了所有自变量的影响。在我们的例子中,由于我们有两个自变量,所以我们就会有两个独特的b或斜率,且有两个独特的$beta$。b用什么单位表示,因变量就根据什么单位测量。因此,假定教育的b值为0.25,这将意味着,在收入的影响保持不变的条件下,教育每发生一个单位的变化,政治积极性的分值就将提高$1/4$点。假定教育的$beta$值为0.10,这将意味着,教育的标准偏差每提高一个单位,政治积极性就会增加0.10个标准偏差单位。如果$R^2=0.56$,我们便可得知,这两个变量所解释的政治积极性测量的变化刚好超过一半。

表5.7总结了我们至此为测量变量间关系而提出的一些统计量,并以此展开我们接下来要讨论的议题。多数的社会科学期刊均会刊登回归分析的结果,当你阅读这些期刊上的文章时,可随手查阅表5.7中的信息。

表 5.7 关联、相关和回归的测量

统计量*	意 义
r	皮尔逊相关系数:两个变量间的共变度($-1.00 \sim +1.00$)。
r^2	决定系数:在一个自变量和一个因变量的回归中,自变量的变化量所解释的因变量的变化比例($0 \sim +1.00$)。
R	多元回归系数:与两个或多个自变量的变化相关联的一个因变量的共变度($0 \sim +1.00$)。
R^2	决定系数:两个或多个自变量的变化所解释的一个因变量的变化比例($0 \sim +1.00$)。
b	非标准回归系数:自变量每发生一个单位的变化,一个因变量所发生的变化量($0 \sim \infty$)。
beta	标准回归系数:一个或多个自变量每发生一个单位的变化,一个因变量的变化总量,其中,所有变量的单位都可以根据平均数之间的标准偏差进行比较(通常在-1.00到$+1.00$之间变化)。

* 出于本表需要,我们把皮尔逊相关系数作为唯一对相关的测量来使用。至于其他测量,参见本章注②。

为什么要多元回归?

控制和虚假性

在其他自变量的影响保持不变的同时,你该用什么方法确定某个自变量的独特影响? 多元回归分析就是这个问题的答案。

请回顾第 3 章的讨论,研究社会资本的学者对以下这个问题感兴趣:自愿团体的会员身份,如何与政治参与相关联。在附录 A 中,罗伯特·普特南所提供的证据表明,低程度的团体会员身份与高程度的电视观看相关联。他写道:"即使在对教育、收入、年龄、种族、居住地、工作状况和性别进行限定以后,电视观看与社会信任及团体会员身份之间还是具有很强的负相关关系。"

　　附录 A 的图 2，对以下这一点提供了一种直观说明：社会科学家如何检验一个变量对另一个变量的独特影响（在这个例子中，就是电视观看对团体参与的影响，在第三个变量教育的影响被考虑进来时是否保持原样）。根据普特南所提供的例子，我们可以发现，在每种教育程度上，看电视最少的人加入的团体最多。换言之，即使我们对教育的影响进行限定以后，电视观看和团体参与之间的负相关关系，还是保持不变。

　　为了解释美国社会资本的下降，普特南打算单独"揪出"一个变量，将其作为首要的嫌疑对象。在附录 A 中，大量证据表明，电视是"罪魁祸首"。通过对许多可能的竞争性说明的限定，他得以做出一种较强的断言：电视的有害影响不能归因于另外一种尚未说明的因素。这就涉及虚假性问题。

　　如果一项结果可被其他某个变量所解释，那它就被认为是虚假的。虚假关系的一个经典例子就是，火灾现场的消防车数量与火灾所导致的损失量之间的高度相关性。结论似乎很简单——多的消防车造成更多损失！被遗漏的一个变量毫无疑问是火势大小。较大的火势会引来更多的消防车，也会造成更大的损失。

　　回到社会资本的问题，倘若频繁看电视的人就是这样一些人，他们几乎没有任何时间或精力加入社会团体，那又会怎么样呢？情况可能是这样的：许多人现在要工作更长的时间，或者在往返途中要花去更多时间。当他们回家时，时间可能已经太晚了，以至于碰不到任何团体。倘若真是如此，他们最终也只好通过看电视的方式来打发夜晚时光。从这种观点看，电视观看并不是导致美国社会资本下降的首要原因。相反，它可能意味着另外一个重要变量（即缺少自由时间），而这个变量才导致了人们放弃加入社会团体。

　　任何科学事业的一个根本目标，就是对其他一些变量进行限定，这些变量可能会通过解释消除某一重要的结果。在你本人的研究中，你可能并不运用高级的统计或实验室的实验来限定某一个或所有被遗漏的变量，而这些变量也可解释你的观察结果。尽管如此，你还是应该考虑一下，你如何确信你的结果不是虚假的。

例子

虚假性和控制——防晒霜与癌症

众所周知,长时间暴露在太阳的紫外线(UV)之下,与皮肤癌的日益增多有关。二者之间的相关性业已确立,而且医疗界有充分的理由对此提出一个与因果关系有关的主张:过度暴露在UV射线之下,是引发皮肤癌的原因。因此,美国皮肤病学会及美国癌症协会建议人们使用防晒系数(SPF) 15或更高的防晒霜。

然而,在大多数的社会科学领域,要确立相关性与因果性是非常困难的,与之类似,在医疗研究领域要做到这一点同样很棘手。用以研究的证据往往是根据如下方式获得的:询问人们的行为、统计他们所患的疾病,然后进行一番分析,从而弄清楚哪些因素与另一些因素相关。科学家不可能轻易地让人们接触各种促发癌症的因素,然后看看到底会发生什么。因此,暴晒引发癌症以及防晒霜对此是有效的,与之相关的证据更多是基于相关性而非因果性。与其他类型的癌症(黑色素瘤)相比,紫外线照射与一些类型的癌症(鳞状细胞癌)之间的关联要更为确定。

为了弄清事情原委,一些研究发现,防晒霜与癌症的发生率之间具有一种正向关联。防晒霜用得越多,就越有可能患皮肤癌。请读者考虑一下这里产生作用的多个变量:紫外线照射量、所使用的防晒霜的多少、皮肤癌的发生率。紫外线照射可能是"罪魁祸首",但是那些长期暴露在太阳之下的人也倾向于使用更多的防晒霜。倘若如此,那么,防晒霜的使用与皮肤癌之间所具有的相关性可能就是虚假的。

来源: Judith Foreman, "Sunscreen isn't Perfect, but Still Worth Using," Boston Globe (July 10, 2006); "Sunscreen ingredient May Increase Skin Cancer Risk," Science News (May 7, 2012).

表 5.8　法官种族对量刑严重性以及判处监禁的影响

	判处监禁		量刑严重性		
	MLE	MLE/SE	b	beta	t
所有被告					
没有限定	0.10	2.10*	−0.48	−0.01	−0.67
限定被告和罪行	0.14	2.17*	−0.91	−0.02	−1.60
限定法官、被告和罪行	0.11	1.67	−1.22	−0.03	−2.14*
白人被告					
没有限定	0.11	0.92	0.27	0.01	0.20
限定被告和罪行	0.35	2.19*	1.40	0.04	1.31
限定法官、被告和罪行	0.35	2.18*	1.39	0.04	1.30
黑人被告					
没有限定	0.10	1.72	−0.80	−0.02	−0.96
限定被告和罪行	0.09	1.24	−1.59	−0.04	−2.40*
限定法官、被告和罪行	0.06	0.78	−2.00	−0.05	−2.99*

编码:黑人法官=1,白人法官=0。对被告和罪行的限定包括罪行严重性、无论被告是否认罪悔改、被告的前科,以及被告是否有公设辩护人。对法官特征的额外限定包括:诉讼经验、性别,以及任法官的年限。对所有被告、所有白人被告以及所有黑人被告而言,N 分别等于 3 418　763　2 655。

* =显著性水平为 0.05。

注:MLE 就是极大似然估计;SE 就是标准误差。

来源:Susan Welch, Michael Combs, and John Gruhl, "Do Black Judges Make a Difference?" American Journal of Political Science 32, no. 1（1988）: 126-136.

　　为了更深入地讨论,我们来看另外一个例子。表 5.8 取自威尔奇、坎布斯和古尔(Susan Welch, Michael Combs, John Gruhl)所进行的一项研究。他们探究了这个问题——"法官是黑人是否有影响?"他们考察了影响主审法官量刑裁决的一些因素。这些研究者想知道,白人法官对待刑事被告的态度是否与黑人法官有所不同。这里的研究问题很明确:量刑裁决是否会被法官的种族影响?

　　先前的研究不具有决定性——不同的研究发现了相互矛盾的结果。这项研究的发起者注意到,先前的研究者未能限定一些重要的自变量,比如,刑事被告的罪行严重性、被告的前科,以及法官的其他特征(如性别)。

威尔奇等人在东北部的一个大城市中,从 1968—1979 年间被判处犯有重罪的男性被告样本中发掘出他们的数据。在其中一部分分析中,他们将因变量操作化为法官量刑的严重性。他们使用了严重性量表,在其中,零相当于缓期执行;较低分数代表罚款和保护管束;较高分数代表监禁服刑时间;最高为 93 分,相当于终身监禁。因为他们想对多个自变量进行限定,所以他们运用多元回归分析。

运用单一自变量做回归时,他们发现,法官的种族(自变量)与判决严重性并没有关联。也就是说,当他们仅仅着眼于法官的种族和量刑严重性之间的关系时,他们发现,二者之间并没有关联。[22] 但是,当他们运用多重回归并且对被告罪行的严重性以及其他因素进行限定时,他们发现一种显著的差异(尽管很微小)。[23] 黑人法官与这样一种判决相关联:在 0—93 的严重性量表中,黑人法官的判决要低 1.22 个单位。当所研究的样本限于黑人被告时,这一影响尤其明显。与白人法官相比,黑人法官对黑人被告的判决,其严重性正好低两个单位——但是,尚有更多可继续讨论的地方。[24]

Probit 分析和 Logit 分析

威尔奇和她的同事还注意到,判决严重性并不是法官量刑裁决的唯一方面,甚至不是最为关键的方面。在对量刑严重性做出判决之前,法官必须决定被告是否将被监禁。一些人受到缓期执行的宽大处理,而且,尽管被判犯有重罪,他们仍未被要求入狱服刑。

当因变量还受这些因素影响时就无法应用回归分析。相关和回归分析假定,因变量是在区间或顺序层次上得到测量的。然而,判决监禁是这样被编码的:1=监禁,0=不监禁。倘若情况就是这样,那么,我们就无法讨论自变量一个单位的变化如何引起因变量若干单位数

---

[22] $Beta = -0.01, b = -0.48$;不显著。

[23] $Beta = -0.03, b = -1.22$。

[24] $Beta = -0.05, b = -2.00$。

量的变化。

　　为了处理这些二分的(两类)因变量,另外一种类似于多元回归的分析形式已被设计出来。[25] 社会科学研究者通常所处理的因变量就是一些简单的名目分类,比如,"是或否"这样的问题调查;再比如,各种不同的因素如何影响政府决定采纳一项公共政策或加入战争。为了解决这些问题,**Probit 分析**和 **Logit 分析**日渐频繁地得到运用。

　　Probit 并不产生回归系数或贝塔系数,相反,它所产生的系数其自身并不容易得到解释。借助数学公式(简单起见,在此省略),我们可以运用这些系数来评估 X 的变化如何影响 Y 将呈现某个值的概率。这个统计量有助于回答这个问题,即,法官种族的差异是否影响重刑犯将在监狱服刑的概率。[26]

　　威尔奇等人利用 Probit 分析来检验自变量和做出监禁判决之间的关系。[27] 他们发现,相比白人法官而言,黑人法官更有可能做出将被告监禁起来的判决。但是,当这项研究的发起者限定其他变量时,这一效应的显著性就会消失。重要的是要注意到,logit 和 probit 生成的极大似然估计(MLEs)并没有告诉我们太多自变量的实质影响。表5.8 的 logit 结果只是为我们解释某事与法官的判决是否有统计上显著的关系。

――――――――――――――――――

　　[25]　这种程序指的就是 probit 分析和 logit 分析,或某些情况下所说的"Logistic 回归"。就因变量的深层分布而言,probit 和 logit 的假定略有不同。参见 J. Aldrich & F. Nelson, *Linear Probability*, *Logit and Probit Models*, Sage University Paper Series on Quantitative Applications in the Social Science, no. 45 (Beverly Hills, Calif. : Sage Publications, 1984)。

　　[26]　当相关和回归被用来测定某种关系时,这个统计量可检验一条直线或斜率如何很好地代表数据。当我们运用 Probit 分析时,这个统计量检验的是:X 和 Y 之间的关系如何由一条 S 形曲线很好地体现出来。寻求判决监禁(Y)和罪行严重性(X)之间线性关联(相关和回归)的统计量,可能会遗漏这种关系,并且导致许多预测误差。

　　[27]　引自 Welch et al. , "Do Black Judges Make a Difference?"表 1,probit 系数指的是 MLEs(极大似然估计)。Welch 等人认为这个系数是显著的,如果它至少是其标准误差大小的两倍的话(MLE/SE>2.0)。

　　Probit 分析还表明,曾被限定的因素一旦被引入分析中,那么,在对白人被告做出监禁判决方面就存在显著的种族差异。当白人被告由白人法官判决时,他们更可能不被送进监狱;换言之,当罪行严重性和其他因素都差不多时,黑人法官更有可能判处白人被告入狱。

　　在对所有这些测量进行评估之后,威尔奇和她的同事得出结论:黑人法官的确对刑事司法制度造成影响。以多元回归的结果以及关于这种特殊样本的 Probit 分析为基础,黑人法官比白人法官似乎稍微更有可能:(1)判处白人被告入狱;(2)对黑人被告进行稍微不怎么严重的判罚。但是,"在关于监禁的判决方面,黑人法官似乎是公平的(对黑人被告和白人被告都一样),但是,相比黑人被告而言,白人法官更可能不将白人被告送进监狱"。[28] 请注意,这项研究的发起者对他们的结果进行了限定,并尽力解释多种因素,这些因素可能解释为什么黑人和白人在行为上有所不同。

　　尽管种族和判决行为的微小变化可能是不易察觉的,但这些结论能用来挑战下述这类笼统的概括:"白人(或黑人)法官是种族主义者。"无论是温和的结论,还是戏剧化般惹人注目的结论,都能让我们有所思考。

　　我们归纳了到目前为止所提出的有关变量间关系的测量,请参阅表 5.9。

　　回归的主要问题与下面这一点相关:厘清若干自变量对一个因变量的相互关联的影响或统计上的交叉影响。这个问题通过以下方式得以解决(尽管很少得到彻底解决):精确的操作、关于相似自变量协方差的分析,以及利用像 Probit 分析这样的技术。

　　在任何一种多元回归模型或 Probit 分析中,大量的技术细节、预防措施以及限制性假定在结果被慎重处理以前必须被考虑进来。但是,我们在此所寻求的就是分析的逻辑。有若干变量会影响法院裁决。研究者的逻辑表明,其中一些变量需加以解释或在统计上加以限

---

[28]　Welch et al. , p. 134.

表 5.9　变量间关系的测量

相关	两个区间层次或比例层次的变量之间的关联度或共变度。关系的方向由+或-来表示。
双变量回归	区间层次或比例层次的(一个)因变量与单一自变量一个单位的变化相关联的变化量。
多元回归	由若干变量所解释的一个区间层次或比例层次的因变量的变化量。针对每一个自变量的独特影响进行测试。多重回归结合 R^2 一起使用,后者表明由自变量的共同作用所解释的因变量的变化比例。
Probit 分析和 Logit 分析	一种多元回归形式,在其中,因变量是二分的(例如,是/否;赞成/反对)。它考察一个自变量一个单位的变化导致因变量采取一个值或另一个值的概率变化。

定,以便他们可以就他们尤其感兴趣的一个变量(本例中为种族)提出结论。在这个例子中,情况似乎是这样的:存在一些略为显著的种族效应,即使我们已经对其他因素(比如,罪行严重性)进行了限定。

尽管统计学使得回归和 Probit 分析看起来技术性很强,但与科学一样,都始于创造性和想象力。最初一部分的回归分析所涉及的问题,就是弄清楚哪些变量是需要检验的——而这一点又始于对理论的某种意识,以及对所研究的主题的敏锐感受。回归分析的效用就在于,它为我们更为精确地测量假设中的变量间关系指出了可能性。

计算机和统计学

计算机统计软件的发展使研究者得以迅速而又有效地处理数据。一些数学及概念上的背景过去一直是统计学计算的先决条件。现如今,计算机可以进行数学演算。在某些情况下,这也就意味着,我们以与测量层次不相称的方式来操纵数据。

尽管将数学演算留给计算机是可能的,但是,如果不能充分意识到数学处理的概念基础,那么运用统计软件就是很危险的。原因恰恰就在于:虽然一个软件包可以产生出两个变量的相关统计量,但这并不意味着相关所必需的测量标准已经得到满足。软件所生成的统计量对我们是种诱惑,因为这些统计量似乎提供了极高的精确性,但是,没有任何东西可替代研究者做下面这一工作:根据本章(见图5.1)所提出的指导原则,对数据的属性和特征进行慎重的评估。

统计学不创造数据,它们只描述数据。正如通过指出某一抽象事物的颜色或其他物理属性的方式来描述这一事物,是毫无意义的,声称各种统计关系中没有一种可被计算,也是有误导性的。

我们所讨论的这些细致的改进,其本身只是为了制定并且改进研究策略所做工作的开始。我们仅仅是在(研究的)地图上找到了通往理解和技术的主要路径。通常说来,研究技术更进一步的发展,很大程度不是来自方法论文献的推进(讨论某种方法的局限或可能的改进),而是来自经由有趣的研究项目激发的动力。随着研究的进展,方法的重要性就会变得更加突出,并且也更值得学习。

但在追求对方法的理解时,要谨防一种简单的"食谱式"方式。在列举那些能够完成研究的具体方法之前,一定要先弄清楚你想做什么。这一点,至少是本书的一家之见,且也是本书作者的经验。如果能够洞察潜藏在(繁复)计算后相对简单的思想,那么,方法方面那些讨论分析技术的文献中所发现的众多细节的价值就更容易被了解。思想提供着那些技术机制背后的脉络。

结　论

这本小书概述了研究社会及政治问题所应用的科学方法。结束之际,有必要重申一点:社会科学所起的作用与自然科学迥然不同。与自然科学中的概念相比,我们所处理的概念通常并未得到很好的界定,达成的共识也很少,抑或二者兼而有之。运用科学方法处理广泛而又有趣的社会问题,极富挑战性。思考下述问题:谁拥有权力? 权力如何使用? 幸福的本质是什么? 为什么有些人比其他人更幸福? 什么是财富? 为什么有些人比其他人更富有? 回答这些问题要求我们界定并测量复杂的现象。一个人关于幸福或权力的定义,有可能与另外一个人的定义大相径庭。更重要的是,如果缺少了对主观性的估量,我们很难从事社会科学的研究。权力、幸福、财富这样的东西到底是什么? 我们的价值观左右着问题的答案。

这一点与科学的恢宏承诺(即:寻求客观性)形成鲜明对照。科学方法提供一套严格的程序,旨在帮助研究者找到一些答案,这些答案不为个人先见及偏见所左右。理论上讲,假设之评判,取决于测试结果的统计学意义而非研究者个人的价值观。

尽管科学方法就其本质而言提供一套严格程序,但大量的社会科学依旧具有主观性。人们关注他们感兴趣的主题。以何种方式界定和测量事物? 我们对此问题的决定受个人世界观的影响。但这并不是说,科学方法无法应用于社会的问题,而是说,社会科学需要创造力。当人们设想出新的问题并按新的方式解答它们之时,我们关于世界的理解也就随之而加深。

引入的概念

测量(measurement)

描述性统计(descriptive statistics)

变量的属性(properties of variables)

相关(correlation)

名目(nominal)

关联方向(direction of association)

顺序(ordinal)

相关量表(scale of correction)

区间(interval)

列联系数(contingency coefficient)

真实零点(true zero)

皮尔逊相关系数(pearson's r)

比例(ratio)

回归分析(regression analysis)

任意零点(arbitrary zero)

斜率(slope)

概率(probability)

多元回归(multiple regression)

显著性水平(level of significance)

标准偏差(standard deviation)

概率样本(probability sample)

贝塔系数(Beta coefficient)

分层化(stratification)

随机抽样(random sampling)

抽样偏差(sampling bias)

关联(association)

讨 论

1. 回想下面这一点:样本被用来推测一个更大总体的某些特征。思考这个问题,被用来搜集佩罗数据的抽样技术和方法如何导致结果发生偏差?

2. 仔细查看表 5.1(摘自佩罗调查)的问题。在对回答者的态度进行测量时,问题的措辞如何引起误差?

3. 我们能够设想一种用于佩罗调查问题的更为中性的措辞吗?中性措辞怎样并且为什么会造就这样一种测量值,它能更准确地推断出总体的测量值吗?

4. 一支棒球队的胜率是区间变量还是顺序变量? 球队的最终分区排名(第一、最后,等等)呢? 球队成绩更有效的测量方法是什么?想想圣路易斯红雀队夺得 2006 年世界大赛冠军,但他们在整个常规赛季 0.516(51.6%)的胜率只排在联盟第 13 名。

5. 参阅附录 B 中的图 B.1,如果皮尔逊相关系数的统计量实际上是 1.0,那么散点图是什么样的? 如果相关系数只有 0.25,散点图又是什么样的?

附录 A

调来调去：美国
社会资本的奇怪消失[*]

Tuning In, Tuning Out: The Strange Disappearance
of Social Capital in America

罗伯特·D.普特南（Robert D. Putnam）/哈佛大学

　　大约过去一年间，我一直在全力对付一个难解的谜。如果我说的没错，这个谜对美国民主的未来而言，具有一定的重要性。它是一个颇费脑力的经典难题，有犯罪事实、布满线索的犯罪现场，以及许多潜在的嫌疑对象。但是，正如在所有好的侦探小说中所描述的那样，一些看似可能是歹徒的人，结果总有无懈可击的辩解，而一些重要的暗示着预兆性发展的线索，在大幕开启很久以前就已经发生。而且，就如阿加莎·克里斯蒂（Agatha Christie）的小说《东方快车谋杀案》，这一罪行或许本来就有一个以上的罪犯，所以我们必须分清主犯和从犯。最后，我必须先声明，我也不敢保证我已经解开这个谜。在这种意义上，解谜工作尚在进行。我准备起诉一个首要的嫌疑对象，但证据尚不足以将其定罪，因此我邀请你来帮助厘清线索。

　　* 本文来源：From"Tuning In, Tuning Out: The Strange Disappearance of Social Capital in the United States," the 1995 Ithiel de Sola Pool Lecture, Ps: Political Science and Politics, 28(4), pp. 664-683。此处引用已征得剑桥大学出版社的同意。

社会资本的理论和测量

几年前，我主持了一项研究，这项研究与意大利地方政府的一个令人费解的主题有关（Putnam，1993）。那项研究的结论是：政府和其他社会机构的业绩，受公民参与社区事务的强力影响，或者说受我所说的社会资本［沿用科尔曼（Coleman 1990）的说法］的强力影响。我现在正打算应用那套观念和洞见，来分析当代美国公共生活的一些亟待解决的问题。

我所说的社会资本，指的是社会生活的特征——网络、规范和信任，这些特征使参与者得以更有效地联合行动，以谋求共同的目标。当然，他们的共同目标是否值得颂扬，则完全是另外一回事。这些规范、网络和信任将社区的实质性部门连接起来，并跨越潜在的社会裂痕，一旦达到这种程度，即社会资本具有一种"桥梁"作用，那么，增进的合作就有可能满足更广泛的利益，并受到广泛欢迎……

简言之，社会资本指的是社会联系以及随之而来的规范和信任。从这些联系、规范和信任中受益的人——个人、更大的社区或社区内的某一派别——必须在经验上而不是在定义上得到确定①……就当下目的而言，我所关心的社会资本类型，一般说来，是满足公民目标的社会资本。

在这个意义上，社会资本与传统意义上的政治参与紧密相关，但这两个术语并不同义。政治参与指的是我们与政治机构的关系。社会资本指的是我们每个人相互之间的关系。给 PAC 发送支票，是一种政治参与行为，但它并未体现或创造社会资本。在一个团队里打保龄球或者同一个朋友喝咖啡，体现并创造了社会资本，尽管它们不是政治参与行为（群众的政治运动或传统的城市机构，是一种社会资本密集型的政治参与）。我用"公民参与"这个术语，指的是人们与其社

① 在这一方面，我关于社会资本的界定，与科尔曼关于社会资本的"操作"定义稍微有些不同。参见：Coleman，1990，300-321。

区生活之间的联系，而不仅仅指与政治的联系。在一种较狭隘的意义上，公民参与跟政治参与相关，但它们是否保持同步是一个经验问题，而不具有逻辑必然性。例如，某些形式的个体性政治参与（比如开支票捐款）可能处于上升趋势，而与此同时社会联系则在减弱。同样，尽管社会信任（信任他人）与政治信任（信任政治当局）可能在经验上相关，但它们在逻辑上明显不同。我很可能信任我的邻居而不信任市政厅，反之亦然。

社会资本理论假定：通常说来，我们与他人联系越多，就越信任他们，反之亦然。至少就我目前为止所考察的情况而论，这个假定总的来说被证明是正确的：社会信任与公民参与紧密相关。也就是说，无论是否限定教育、年龄、收入、种族、性别等因素，参与（社团或政治）的人总是信任社区或政府的人。[2]　而且，这个道理放之四海而皆准，适用于不同国家、美国不同的州、不同的个体、不同种类的群体。[3]　弄清楚因果关系的机制——是参与导致信任，还是信任导致参与——在理论和方法上都很棘手，尽管布莱姆和瑞恩（John Brehm & Wendy Rahn，1995）的报告表明，因果关系主要是参与导致信任。也许是吧，但公民联系和社会信任是协同运行的。它们以何种方式运行？

独舞保龄球：公民参与的趋势

来自大量独立的原始资料的证据强烈地表明，美国社会资本的存量在 25 年多来一直在缩减。

- 像 PTA、慈善互助俱乐部、妇女投票者联盟、红十字会、工会，甚至保龄球联盟这样不同组织的会员纪录表明，许多传统志愿协

---

[2]　本段以及通篇论文所报告的结果，均引自社会普查，除非另有说明。

[3]　从世界价值观调查（World Values Survey）（1990—1991）得来的关于 35 个国家的数据表明，协会会员数的平均数量与支持"多数人可以信任"这一观点的人数之间的相关系数是 0.65。

会的参与,在过去二三十年间大致下降了 25% 到 50%(Putnam 1995,1996)。

- 在 1965,1975,1985 年对普通美国人的时间预算的调查(该调查记录了全国范围内抽样的男女在一天中从事的每一项单一活动)显示,自 1965 年以来,我们花在非正式社交和访问上的时间在减少(大约减少 1/4),而我们花在俱乐部和组织上的时间,下降更为明显(大概接近 1/2)。

- 尽管在过去三十年间,美国人对政治的兴趣一直稳中有升,而且一些需要动笔的参与形式(比如签署诉状和开支票)大量增加,但大量的集体参与举动却在锐减(Rosenstone & Hansen 1993;Putnam 1996),其中包括:出席集会或演讲(1973—1993 年间减少 36%),出席与城镇或学校事务相关的会议(减少 39%),为政党工作(减少 56%)。

- 来自社会普查(GSS)的证据表明,在各个教育层次上以及在男人和女人当中,团体成员数自 1974 年以来大约下降 1/4,社会信任自 1972 年以来大约下降 1/3。[④] ⋯⋯成员数的锐减使各种团体感到苦恼,从体育俱乐部、专业协会到文学讨论小组和劳工同盟,无不如此。[⑤] ⋯⋯更有甚者,盖洛普民意测验报告说,做礼拜的人数在 20 世纪 60 年代大约下降了 15%,而自此以后一直保持在一个较低的水平上,但来自全国舆论研究中心的数据表明,在 20 世纪七八十年代,下降仍在继续,截至目前总计约 30%(Putnam,1996)。

⋯⋯

为了解释明显的逆向趋势,可能需要对美国社会资本进行一次更

---

④　对政治当局的信任(事实上还包括对多数社会机构的信任)在过去三十年间同样急剧下降,但这种下降在概念上是一种截然不同的趋势。我们在下文将看到,社会信任下降的原因和政治信任下降的原因完全不同。

⑤　出于下文所解释的原因,图 A.1 报告了各种类型团体中的会员数的趋势,条件是限定应答者的教育水平。

为全面的审计。例如，一些观察家认为，互助组和街道巡逻组正在增加，几乎没有人否认，过去几十年间已经见证了利益集团在华盛顿所呈现出的爆炸性增长趋势。……但是，这些并非真正意义上的成员相互会面的协会。它们的成员联系仅限于通用的标志和意识形态，而不是相互之间的联系。……考虑到各种各样的反例，我认为可资利用的有分量的证据证实，当今的美国人和前一代相比，与他们社区的联系显著减少。

当然，大量公民活动依然在我们的社区内随处可见。美国的市民社会并未濒临灭亡。事实上，有证据表明，在社区参与及社会信任的程度上，美国仍高于大多数其他国家（Putnam，1996）。但是，如果我们跟我们自己比，不跟其他国家而跟我们的父辈比，最有力的证据都表明，我们彼此间的联系在减少。

本序言提出大量值得深入探讨的重要问题：

- 美国社会资本的存量真的减少了吗？
- 它要紧不？
- 我们能够对它做些什么？

在我看来，对前两个问题的回答是肯定的，但我无法在此深入处理它们。最终使我最为关心的是对第三个问题的回答，这一答案至少在某种程度上首先取决于，我们对扰乱美国公民生活的奇怪弊病的原因的理解。这正是我打算在此解开的那个谜：为什么美国社区生活的组织结构，在 20 世纪 60 年代开始削减，并在七八十年代进一步加剧？为什么越来越多的美国人独自打保龄球？

对社会资本减少的解释

这个谜题有多种可能解答：

- 繁忙和时间压力

● 经济上的难关(根据一些备择理论的观点,也可能是物质富裕导致的)

● 住所流动性

● 郊区化

● 妇女成为有偿劳动力造成双职工家庭的重负

● 婚姻和家庭关系的破裂

● 美国经济结构的变化,比如连锁店、分公司和服务业的增加

● 20 世纪 60 年代(大多数实际上发生在 20 世纪 70 年代),包括

　　——越南战争、水门事件,以及对公共生活的理想的幻灭

　　——反抗权威的文化叛逆(性、毒品等)

● 福利国家的增多

● 民权革命

● 电视、电子革命及其他技术变革

大多数有名望的侦探作家,无论他们虚构的侦探多么能干,都不愿意清查这么多看起来有可能的嫌疑对象。说实话,我无法处理上述所有理论——当然是指不能以权威的方式处理,但我们必须开始筛选这个清单。可以肯定,与我们正在研究的那种趋势一样普遍的某种社会趋势,可能有多重原因,因此我们的任务是评估这些因素的相对重要性。

解开我们谜题的某种答案,即使是局部的,也须通过若干检验。

所提出的解释因素是否与信任及公民参与相关?如果不相关,就很难明白,为什么这个因素还被列入这个清单中。例如,许多妇女在我们尚在讨论的那一时期,就已经成为有偿劳动力,但是,如果职业女性被证明比家庭主妇更投入社区生活,那么,就很难将社区组织中的下降趋势归因为双职工家庭的增多。

这种相关是虚假的吗?例如,如果有子女的人比无子女的人更有可能成为参与者,那么这将成为一个重要的线索。但是,如果父母身份与公民参与之间的相关被证明是完全虚假的,那么,考虑到(比如说)年龄的影响,我们将不得不把下降的生育率从我们的怀疑清单中剔除。

　　所提出的解释因素是否以相应的方式发生改变？例如，假设经常搬迁的人具有较浅的社区根基。那么，只有当住所流动性本身在这一时期上升时，上述假设才能成为解答我们谜题的一个重要部分。

　　所提出的解释因素可能会遭受如此诘难吗？即它可能是公民不参与的结果，而非原因。例如，即便报纸读者群跨越个体和时代限制，与公民参与紧密相关，我们也有必要权衡下列可能性：报纸发行量的削减是不参与的结果（而非原因）。

　　依据上述那套基准，我们来考虑影响社会资本形成的各种潜在因素。

教　育

　　人力资本和社会资本紧密相关，因为教育对信任、协会成员，以及许多其他形式的社会和政治参与，均具有强烈影响。时至今日，教育是我所发现的各种形式的公民参与（包括社会信任以及许多不同类型的团体中的成员数）最牢固的相关项。⑥……简言之，教育是预测公民参与的一个有力指标。……

　　在某种程度上，教育代表了社会阶层和经济的差异，但是，当收入、社会地位和教育被同时用来预测信任和团体成员数时，教育仍是首要的影响因素。……简言之，受教育程度高的人，更有可能成为参与者与信任者，部分原因在于他们经济上更富裕，但主要还是因为他们在家及在学校所习得的技能、才略与爱好。

　　人们普遍认为，当今的美国人要比我们的父辈和祖辈受到更好的教育。然而却很少意识到，这种趋势在刚刚过去的 20 年间如何对成年人的教育构成带来巨大而又迅速的改变。自 1972 年以来，所有成年人中受过 12 年以上教育的人所占的比例几乎翻倍，从 28% 上涨到 50%。……

---

　　⑥　唯一的例外是庄园集团、劳工同盟和退伍军人组织，它们的成员所习得的正规教育比普通美国人要稍微少一些。

　　这么看来,教育急剧地推进了公民参与,教育水平也大幅度提升。不幸的是,这两个无可否认的事实,只会加深我们的主要疑惑。照理说,在过去 20 年间,教育水平的提升本应该增加社会资本……但与之相反,自 20 世纪 70 年代初以来,实际的 GSS 数据表明,社会资本呈净下降趋势。……

　　因此,上述第一种研究尝试加深了我们的困惑。尽管如此,我们还是可以从上述发现中得出两个有用的结论,一个是方法论上的,一个是实质性的:

1. 既然教育对公民参与和社会信任有如此强烈的影响,那么,我们在考察其他的可能因素时,就有必要说明教育的差异,目的是要确保,我们不会把教育导致的影响与其他变量的可能影响混淆起来。

2. 无论公民参与和社会信任骤降的背后存在何种力量,这些力量已经影响到美国社会的各个层面。过去 25 年间,令人费解的不参与似乎已经使我们社会的所有阶层都感到苦恼……

时间和金钱的压力

　　当今的美国人的确觉得比上一代人更忙碌:20 世纪 60 年代中期至 90 年代中期,我们这代人中报告说感觉"总是很匆忙"的人数比例大幅度上涨(Robinson & Godbey, 1995)。我们倾向于逃离社区事务,或许,隐藏在这种倾向背后的、最明显的嫌疑对象,就是到处充斥的"繁忙"。而且,潜藏在幽暗处附近的,正是那些我们今天已大量讨论过的我们社会所特有的经济压力——工作不安全感和实际工资的下降,尤其是在收入处于低 2/3 部分的人当中。

　　然而,尽管繁忙和经济上的不安全感乍一看似乎应受到谴责,但我们很难找到将其定罪的证据。事实上,证据的天平有力地显示:对我们设法要解开的那个谜题而言,时间和金钱压力显然不是重要的形成因素。

首先，时间预算研究并未证实：美国人平均比上一代人工作时间更长。相反，罗宾逊和戈德贝（Robinson and Godbey，1995）报告说，1965—1985 年，普通美国人平均每周多赢得 5 小时空闲时间，部分是因为花在家务上的时间减少，部分因为较早退休。他们宣称，当今美国人比几十年前拥有更多空闲时间，毫无疑问，这一论断会遭到其他观察家的质疑。例如，绍尔（Schor，1991）的报告证实，我们的工作时间在加长，尤其是对妇女而言。然而，不管上述争论的解决途径是什么，仅仅凭借工作时间与社会信任及团体成员之间的相关性考察，就将公民不参与归咎于工作日的延长，这个论点更不合理。

可资利用的证据强烈显示：事实上，长时间的工作与公民生活参与的减少或社会信任的减少并没有关联。完全相反：来自社会普查的结果表明，相比那些不在有偿劳动力之列的人而言，就业一族加入的团体还稍微要多些。尤为令人震惊的是这一事实：较长的工作时间与更多的（而非更少的）公民参与相联系。[7] 这一惊人发现，与来自时间预算研究的证据完全符合。罗宾逊（Robinson，1990a）报告说：不足为奇，花更多时间投入工作的人的确感觉更匆忙，这些饱受折磨的人，在吃饭、睡觉、读书、从事业余爱好，甚至无所事事方面，的确只花更少的时间。与其他人相比，他们花在看电视上的时间少得更多——几乎少了 30%。然而，他们花在组织活动上的时间并没有减少……

……而且，全国范围内的参与和信任的下降，在全职工作者、兼职工作者，以及那些不在有偿劳动力之列的工作者当中，均有相当体现。因此，即使人们正放弃社区生活，延长的（工作）时间似乎也不能成为理由。

---

[7]　无论是否限定教育和调查年份，这一事实都是对的。在男性和女性当中，关于这个分值的模型是不同的，因为兼职妇女比全职或足不出户的妇女，在公民参与和社会信任方面，稍微更积极一些。不管我们怎样对待这种让人感兴趣的反常现象，它显然并未出现在时间预算数据中（Robinson & Godbey，1995），而且在男性当中，情况亦然。这种反常无法解释我们基本的谜题，因为兼职女性在美国总人口中所占的比例相对较少，且这一比例在增长，而不是在下降。GSS 数据显示，20 世纪 70 年代前半期至 90 年代前半期，兼职女性在整个成年人口中所占的比重，由近 8% 上升至近 10%。

如果时间压力不是我们要寻求的根源，经济压力又会如何？……相比穷人和中层收入的工薪族而言，在更富裕的一部分美国公民中，参与和信任方面的下降实际上还略微严重一些。……总之，无论是客观的还是主观的经济安乐，均不能使美国人预防公民不参与的"病毒"；甚至正相反，富裕在一定程度上加剧了这个问题的恶化……

流动性和郊区化

大量研究已经发现，住所稳定性以及相关现象（比如，私房业主）与更多的公民参与相关。在调查研究的早期阶段（Putnam 1995，30），我发现"与植物的频繁移植一样，流动性往往会破坏根部系统，而一个背井离乡的个体要种下新的根基需要花费时间"。但我现在必须报告说，深入的调查完全可以证明，住所流动性不应当对公民参与的下降负任何责任。来自美国人口普查局 1995 年（和早些年）的数据显示，住所流动率在过去半个世纪一直相当平稳。事实上，非要说存在任何变化的话，也只能说长距离和短距离的流动在过去 50 年间均呈下降趋势。在 20 世纪 50 年代，每年有 20% 的美国人变换住所，6.9% 的美国人跨州迁移；在 90 年代，同比数字分别为 17% 和 6.6%。总之，当今的美国人相比前一代人而言，住所更稳定。如果有关经济压力解释的定论还需要更精确的话，那么，关于流动性的定论则是一清二楚的。这个理论就是错的。

但是，如果迁移本身并未侵蚀我们的社会资本，那么下列可能性又如何：我们一直往那些更不适宜社会联系的地方（尤其是郊区）迁移？为了检验这一理论，我们必须首先研究居住地和社会资本之间的相关性。事实上，社会联系的确因社区类型而异，但这些差异被证明是适度的，而且与上述理论背道而驰……

妇女角色的转换

大多数母亲(我这一代人的)都是家庭主妇,而且她们大都在社会资本形成上有很重的投资。这里所说的投资是一种专门用语,指的是在教会晚餐、PTA 会议、邻里咖啡聚会,以及拜访亲朋好友等方面所耗费的不计其数的、不计报酬的时间。妇女离家并成为有偿劳动力,这一潮流也许是过去半个世纪最不寻常的社会变化。无论女权革命多么令人翘首以待,多么姗姗来迟,我们都很难相信它未曾对社会联系产生任何影响。难道这是过去 25~30 年间社会资本下降的首要原因?

可资利用的调查证据中,某些模型似乎支持这一主张。考虑到各种因素,女人参加的自愿协会比男人稍微少一些(Edwards, Edwards & Watts,1984)。另一方面,时间耗用研究表明,相比男人而言,女人在那些团体以及非正式的社会联系上要花去更多时间(Robinson & Godbey,1995)。尽管参与和信任方面的绝对下滑在男人和女人当中几乎相等,但相对下滑在女人当中稍微严重一些。限定教育因素,那么,男人当中的成员数每十年以 10%~15% 的比例下降,而女人当中的同比下降比例为 20%~25%……

但是,诚如我们先前所见,工作状况本身对团体成员数或信任所产生的净影响似乎很小。相对于职业女性而言,家庭主妇从属于各种不同类型的团体(例如,更多的 PTA,以及较少的专业协会),但在总数上,职业女性实际上自愿加入的协会要稍微多一些。[8] 更为重要的是,公民参与的总体下滑在家庭主妇中要比在职业女性中更严重。1965 和 1985 年的时间耗用数据的对比(Robinson & Godbey,1995)似乎表明,职业女性作为一个群体,在组织上所花的时间较之以前实际上更多,而非职业女性花的时间则更少。同样的研究表

---

[8]　不过罗宾逊和戈德贝(Robinson and Godbey,1995)报告说,相对于职业女性而言,非职业女性仍然会花更多时间来参与自愿性协会的活动。

明，自1965年以来，非正式社交中的主要下滑也集中在无业女性当中。当然，主要事实还在于：对各类女性而言，总趋势是下降的（对男人而言同样如此，甚至还包括单身汉），但数据显示，相比非全职工作的妇女而言，全职工作的妇女对这种下滑趋势实际上更具免疫力。

如此看来，妇女似乎应当对公民参与在过去20年间的下降承担一定的责任，尽管如此，我们还是很难找到微观层次上的数据，将上述事实与妇女加入劳动力大军联系起来。当然，我们很难控制这些数据中的选择偏差，因为那些已经决定加入劳动力大军的妇女，毫无疑问，在许多方面不同于那些已经决定居家的妇女。社区参与之所以在职业女性当中似乎在增加而在家庭主妇当中又似乎在下降，其中一个原因或许就在于：正是那些在早些年代最频繁参与社区事务的妇女，最可能加入劳动力大军，其结果同时也就降低了公民参与在剩余那部分家庭主妇中的平均水平，而同时又提高了职业女性公民参与的平均水平。很明显，一直以来我们并未进行一项重大的全国性的控制实验，以研究工作对女性公民参与的影响，而且不管怎么说，数据模型尚不完全清楚。但是，与我本人的早期推测相反，我几乎找不到任何证据支持这个假设：在过去的一代中，妇女加入劳动力大军的潮流，已经对社会联系和公民参与产生了重要影响。另一方面，我也找不到任何明晰的替代性说明以解释这一事实：公民参与的相对下滑，在女人当中要比在男人当中更严重。既然这种证据至多是间接性的，那么，我们在此所能做的最好的暂行判断，也许就是著名的苏格兰式裁决：证据不足，暂不定罪。

婚姻和家庭

另外一种广受讨论的、与公民参与的下降多少有点关联的社会趋势，就是传统家庭单位（妈妈、爸爸和孩子）的瓦解。根据某些解释，既然家庭本身是社会资本的一种关键形式，那么，也许它的消逝是参与和信任在较大社区内下降的部分解释。证据表明什么？

首先，家庭纽带松弛的证据是显而易见的。离婚率已上升长达一个世纪（20 世纪 60 年代中期至 70 年代中期加速增长，随后趋于平稳），单亲家庭近来也不断增多，除此之外，单人家庭的发生率自 1950 年以来已经翻了一倍多，部分原因在于单独生活的寡妇数量的上升（Caplow，Bahr，Modell，and Chadwick 1991，47，106，113）。正如社会普查所反映的那样，所有这些变化的净效应就在于：所有美国成年人中未结婚的人数比例由 1974 年的 28%，攀升至 1994 年的 48%。

其次，已婚男女在我们关于社会资本的两种测量中，的确处在稍高的等级上。也就是说，限定教育、年龄、种族等因素，单身族（离婚的、分居的，以及从未结婚的男女）比已婚族明显更不信任他人，也更不热衷公民参与。⑨ 大致说来，与单身男女相比，已婚男女对他人的信任度大约高 1/3，而他们所加入的团体数量多 15%~25%。（在这项比较中，寡妇和鳏夫更像已婚族而非单身族。）

总而言之，成功的婚姻（尤其是当这个家庭单位还包括孩子时），在统计上与更多的社会信任和公民参与相关。因此，信任和成员数的部分下降，与婚姻率的下降有关……

我本人的判断是（一定程度上以下文引入的额外证据为基础），婚姻的破裂或许是本文开头提到的那宗罪行的从犯，而非主犯。

福利国家的兴起

在一些评论家看来（例如，Fukuyama，1995，313-314），间接证据，尤其是关于社会联系下降的定时统计，已经表明，公民不参与的一个重要原因（甚或正是这个原因）就是大政府和福利国家的壮大。据称，通过

---

⑨ 多重变量分析有迹象表明，离婚使社会联系下降的一个主要原因就在于，它降低了家庭收入，这反过来又降低了公民参与。

对个人主动性的"驱除",国家干预已颠覆了市民社会。这个题目太大,我无法在此详述,但说上一两句或许并不为过。

一方面,几乎可以肯定,某些政府政策已造成社会资本的破坏。例如,20世纪50年代和60年代的所谓的"贫民窟清除"政策,切断了因实物投资而业已存在的社区连接纽带。还可以设想,一些社会支出和税收政策,可能已经对热心公益的慈善事业造成了障碍。另一方面,我们又很难看出,哪些政府政策应该对保龄球联盟和文学俱乐部的衰落负责。

解决上述问题的一种经验途径,就是考察公民参与的差异,以及跨不同政治辖区的公共政策,以便弄清楚臃肿的政府是否会导致社会资本的缩减。然而,在美国各州,社会资本的差异与各种关于福利支出或政府规模的测量值,表面看来并没有实质的关联。[⑩] ……

种族和民权革命

种族是美国社会史的一个绝对根本的特征,这个社会的几乎所有其他的特征都以某种方式同它相关联。因此,我们似乎可以在直觉上合理地认为,种族对持续一代之久的社会资本的削减,可能在一定程度上产生了影响。事实上,一些观察家(包括黑人和白人)已经注意到,恰恰就是在20世纪60年代的民权革命取得最辉煌的成功之后,社会联系和社会信任开始下滑。在某些观察家看来,上述巧合已经间接表明了一种社会学意义上的"白人逃亡"的可能性,因为公民生活中

[⑩]　我会在以后的著作中更详尽地处理这个问题。但对以下记录,我要着重指出:(1)社会信任和团体会员数的国家层面上的差异,是实质性的、紧密相关的,并且是适度平稳的,至少20世纪70—90年代这一时期是如此;(2)根据Elazer(1966)所发明的关于"国家政治文化"的测量,上述那些差异惊人地紧密相关($R^2 = 0.52$),夏肯斯基(Sharkansky,1969)基于对整个20世纪50年代的国家政治的描述性说明,对埃拉泽(Elazer)的测量进行了改进,而这种改进反过来又可追溯至19世纪及其以前的移民模型。

依法废除种族隔离，致使白人从社区协会中退出。

　　与关于福利国家的理论一样，上述对社会资本破坏的种族原因解释相当有争议，仅靠上述简短评论，几乎无法解决这一争议。尽管如此，基本的事实还是这些。

　　首先，协会成员间的种族差异并不大。……而另一方面，种族差异在社会信任方面的确相当大，即使考虑到教育、收入等的差异，情况亦然。平均说来，在 1972—1994 年，限定教育差异，大约有 17% 的黑人支持"多数人是可信的"这个观点，相比而言，大约 45% 的白人赞同这一观点，大约 27% 的其他种族的人认同这一观点。⑪ 当然，社会信任方面的这些种族差异，反映的并不是集体偏执，而是贯穿多代人的真实经历。

　　其次，社会资本的削减已影响到所有种族。……尤为重要的是，不参与在白人中的发展速度，与种族互斥或对种族隔离的支持，一直毫不相关。相比更宽容的白人而言，公然的种族主义者或主张隔离主义的白人，在这一时期并没有更快地脱离社区组织。……这个证据还表明，就算废除过去 30 年的民权进展，也还是无法挽回社会资本的损失。

代际效应

　　我们一直在竭力找出公民不参与的根源，可我们的努力目前为止并未取得突出进展。下降趋势一如既往地贯穿美国社会的主要领域。……然而，一个明显的例外涉及年龄。在我们所有的统计分析中，作为所有形式的公民参与和信任的一个预测因素，年龄仅次于教育。老人比年轻人从属于更多的组织，并且他们很少会愤世嫉俗。而且，年长的美国人更经常地参与投票，更频繁地读报，这是与参与和信

---

　　⑪　与本文别处的用法一样，这里所说的"限定教育差异"是指，对少于 12 年、正好 12 年，以及多于 12 年学龄的应答者的平均分值，分别进行平均化。

任紧密相关的另外两种形式的公民参与。……大多数评论家都将这种模式解释为一种生命周期现象,我最初也这么认为。

来自社会普查(GSS)的证据使我们能够随着个体的老化来了解他们的年龄组。……然而,令人吃惊的是,这种分析(不断地被用于研究在各个连续的年龄段出生的个体)并未提供任何有效证据证明公民参与中的生命周期变化。事实上,更常见的情况是:当几代人都经历了1972—1994年这一时期时,他们的信任度和成员数不升反降,这种情况反映出,公民参与在年轻人以及在老人当中存在一定程度的同时性下滑,80年代后半期尤为明显。但是,上述下降趋势明显不能解释,为什么经历过那一时期的年长美国人,信任度和参与度往往会更高。事实上,根据这些数据,我们唯一可发现的可靠的生命周期效应就是:我们会在垂暮之年退出公民参与,比如在各自成为"80后"时。

这些模型所暴露的一个主要悖论是这样的:老年人一向比年轻人都更积极地投入公民参与,而且也更信任他人,然而,随着我们逐渐老化,我们并未变得更积极,也更不信任他人。到底出了什么问题呢?

时间和年龄对社会行为的影响相当模糊。社会科学家已经认识到,要区分三种截然不同的现象:

1. 生命周期效应所体现的差异,可归为不同的生命阶段。在这种情况下,个体随着年岁增长而发生改变,但是,出生和死亡的"人口统计上的新陈代谢",使老化效应总体上趋于匀称的平衡,因此,生命周期效应并未发生总体改变。随着年岁增长,我们每个人的近距视力都会下降,但对放大镜的总体需求几乎没有变化。

2. 时期效应对经历过某一特定时代的所有人均产生影响,不管他们的年龄如何。[12] 时期效应既能引起个体改变,又能引起总体

---

[12]　只对特定年龄段的人产生影响的时期影响会逐渐变成代际效应,这正是康弗斯(Converse)在概括与年龄相关的效应时,仅提到"两个半"类型而非传统的三种类型的原因所在。

改变,这种影响通常迅速而又持久,并且无视与年龄相关的差异。例如,1965—1975 年,人们对政府的信任急剧下滑,这种趋势基本上属于这种时期效应,因为各个年龄段的美国人,都改变了他们对其领导人可信度的看法。同样,正如我们刚刚所注意到的那样,社会资本在 20 世纪 80 年代所出现的适度下滑,似乎也是一种时期效应。

3. 代际效应,正如曼海姆(Karl Mannheim)在其经典论文《代的问题》(*The Problem of Generations*)中所描述的那样,代表着这一事实——"属于同一代人的个体,只要出生年份相同,那么,他们在社会进程的历史维度中,就会被赋予共同的定位"(Mannheim,1952,290)。与生命周期效应一样(不同于典型的时期效应),代际效应表现为年龄群组在某一单一时间点上的差异,但与时期效应一样(不同于生命周期效应),代际效应引起真实的社会改变,因为,被深深打上不同观点"烙印"的一代又一代的人,总是你方唱罢我登场,接连不断地登上历史舞台。在纯粹的代际效应中,个体从未改变,但社会却发生了改变。

……回到我们的难题,倘若年长的人当初并未随着年岁增长而变得更积极地投身于公民参与并且更信任他人,那么,他们今天又如何会变得更积极而又更信任他人呢? 正如巴特勒和斯特克斯(David Butler & Donald Stokes,1974)在另外一种语境下所注意到的那样,解决这个悖论的关键,不是追问人们现在多大年龄,而是追问他们何时年轻。图 A.1 再现了这个问题,它表明了根据被调查者的出生年份所进行的各种关于公民参与的测量。[13]……

---

[13]　为了排除生命晚期中的生命周期效应,图 A.1 不包括 80 岁以上的调查对象。为了避免在对青年人进行可靠抽样时所存在的众所周知的问题,康弗斯(Converse,1976)曾就这些问题做过讨论,图 A.1 同样不包括 25 岁以下的调查对象。为了弥补相对较小的逐年样本的不足,并且为了限定教育差异,图 A.1 绘制出五年移动平均线,它们横切本文所采用的三种教育类型。

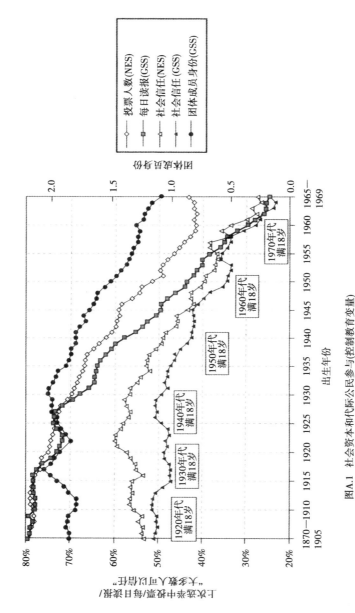

图A.1　社会资本和代际公民参与(控制教育变量)

来源:General Social Survey(GSS), 1972—1994 and National Election Studies(NES), 1952—1992
回答者年龄为25～80岁，平均5年一段。三种教育类型平等加权。

漫长的公民代

　　实际上，图 A.1 从左至右按照出生日期将美国人排成一线：起点是那些出生在 19 世纪后 30 年的人，并且一直延续至他们的曾孙一代，也就是 20 世纪最后 30 年出生的一代人。当我们沿着这条横轴从左至右（从那些在世纪之交长大的人，到在兴旺的 20 年代成长的人，以此类推）移动时，我们发现，公民参与和社会信任保持一种相对较高且又不平稳的上升趋势。然而，我们接下来就看到社会参与相当突然地减少的迹象，始于出生于 20 世纪 30 年代早期的男女。值得注意的是，参与、信任、投票及读报中的这种下降趋势，几乎不间断地持续了近 40 年。公民参与的各种不同指标的轨迹惊人地平行：对于出生且成长于 20 世纪前 30 年的人而言，每一轨迹都表明一种高的、有时是上升的稳定态势；20 世纪 30 年代左右出生的年龄群组中，每一轨迹都呈现出一个转折点，而且每一轨迹随后都表现出程度不一的持续下降趋势，一直延续至 60 年代出生的年龄群组。[14]

　　不管根据哪种标准，这些代际差异都是异乎寻常的。举个例子，我们来比较出生于 20 世纪 20 年代早期的一代人和出生于 20 世纪 60 年代的他们的孙子辈的一代人。限定教育差异，那么，出生于 20 世纪 20 年代的一代人，加入公民协会的会员人数几乎是出生于 20 世纪 60 年代的那些人的两倍（前者人均会员数约为 1.9，后者约为 1.1）。祖父辈更有可能信任他人，其中信任他人的人数比例是他们孙子辈的两倍多（50%~60% 对 25%）。他们参与投票的人数比例几乎是最近年龄群组的两倍（约 75% 对 40%~45%），而且，他们读报的人数几乎是近常读报人数的 3 倍（每天都读报的比例是 70%~80% 对 25%~30%）。记住：我们尚未找到任何证据，证明最年轻的一代人随着年岁

---

　　[14]　在社会普查的数据中发现公民参与的代际差异之后，我们才获悉了米勒/夏克斯（Miller/Shanks）的论点，但他们的发现与我的发现惊人地一致。

增长,最终将在公民参与方面与他们祖父辈较高的程度相匹配。

因此,对我们的基本谜题而言,我们的数据中与年龄相关的模型提出了一种完全不同的解释:不能将这些模型理解为生命周期效应,而应理解为代际效应。用这种方法解释,图 A.1 描述了一个漫长的"公民"代,这代人出生于 1910—1940 年,这是一个广泛的群体,比起年轻一代,他们更多地参与社区事务,而且从根本上也更信任他人。⑮这一公民代的顶峰是出生于 1925—1930 年的年龄群组,他们在美国经济大萧条期间上小学,在高中(或在战场上)经历了第二次世界大战,在 1948 年或 1952 年首次投票,在 20 世纪 50 年代成家立业,并且在二三十岁以后才首次看电视。由于全国调查已开始,这代人一直格外具有公民精神:更多地投票、更多地参与、更多地读报、更多地信任他人。正如著名的社会学家查尔斯·蒂利(Charles Tilly,生于 1928年),在评论本文的早期版本时所说的那样,"我们是最后的乳儿"。

为了有助于解释代代相连的美国人各自成长其中的历史背景,图 A.1 还以十年为一个期限,以法定成年年龄划分了每一年龄群组。因此,我们可以看出,20 世纪 40 年代后成年的每一代人,均比其相邻的前一代人,更少地参与公民事务。

对这种代际解释的进一步证实来自两条平行线的比较,这两条平行线在图中均表示对同一个社会信任问题的回应,最初是在全国选举研究(NES)(主要在 1964—1976 年)中被提出,随后又在 1972—1994

----

⑮   在 20 世纪 70 年代和 80 年代所进行的调查中,几乎不包括生于 19 世纪晚期的调查对象,以至于我们无法可靠地辨别连续出生的年龄群组中的差异。但是,那些不充分的数据(并未出现在图 A.1 中)显示,世纪之交可能曾是公民参与上升的一个时期。同样,1970 年后出生的调查对象几乎也未出现在全国调查中,以至于我们很难确定他们独特的世代性概貌,尽管截至目前有微弱的结果表明,在公民参与方面,40 年一代的下降可能正停止下跌并即将回升。然而,即使这一点被证明是正确的,上述发展要抑制公民参与的总体下降,可能还需要几十年的时间,原因下文给出。

年的社会普查（GSS）中被提出。⑯ 如果生于 20 世纪初的美国人所表现出的更高程度的信任代表一种生命周期效应的话，那么来自 GSS 调查（当时被调查对象的平均年龄为 10 岁）的曲线，本应该在 NES 线条之上间隔一定距离。实际情况却是，GSS 线条比 NES 线条低 5%～10%。几乎可以肯定，这种向下的转变代表一种时期效应，它导致社会信任在 20 世纪 80 年代的各个年龄组的人群中都呈下降趋势。⑰ 但是，这种下降的期间效应，比起我们已注意到的巨大的代际差异而言，实质上要适度得多。

简言之，对公民参与中与年龄相关的差异所做的最简洁的解释就是：这些差异代表了公民参与在第二次世界大战后的几十年间成年的美国人当中的一种急剧的下降，而且还代表着一定程度的不参与，这些不参与影响到 20 世纪 80 年代的各个年龄段的人。这些模型提示我们，在"二战"后成长与在水门事件之前成长，是一种完全不同的经历。战后的各代人似乎被暴露在某种神秘的 X 射线之下，这种神秘的 X 射线持久而又不断地促使他们更少可能地与社区保持联系。无论那种力量是什么，这种力量（而非发生于 20 世纪 70 和 80 年代的任何事情）还是解释了大部分的公民离散，这些公民离散是我们谜团的核心部分。……

重述这个谜

当代美国的公民不参与很大程度上具有世代性，这样说只是重新阐述了我们的主要谜题。我们现在知道，我们独自打保龄球的大部分

---

⑯　1910—1940 年的这一代人的成员比他们的上一辈似乎也更具公民精神，至少根据出现在我们样本中的生于 19 世纪晚期的相对较少的那部分男女的观点来判断，情况如此。

⑰　在 1964—1976 年所进行的全国选举调查中，与社会信任相关的问题每两年就会出现，随后又在 1992 年的调查中再次出现。在分析过程中，我将 1992 年的 NES 的访谈也包括进来，目的就是要获得关于这样一些同一年龄段群组的估计数据，在早期所进行的调查中，这些人当时还太年轻，并未被包括进去。

原因，可能要追溯至 20 世纪 40 和 50 年代，而不是 60 和 70 年代。那种神秘的反公民参与的"X 射线"是什么？它已影响到"二战"后成年的美国人，至少在进入 70 年代以后，其影响还在不断地加深。[18] ……

　　我已经注意到唯一的一个明显的可疑对象，我准备动用间接证据向它发起攻击。……罪魁祸首就是电视。

　　首先，向它发起攻击的时机已到。漫长的公民一代，是最后一代并未伴随电视而成长起来的美国公民，因为电视与照明一样，在 20 世纪 50 年代才突然进入美国社会。在 1950 年，勉强有 10% 的美国家庭拥有电视机，但到了 1959 年，90% 的家庭都有电视机，这或许是先前所记录的最迅猛的技术革新扩散。这种雷光电掣般的扩散，所造成的余波持续了几十年，比如，整个 20 世纪 60 年代，人均看电视的时间增长 17%~20%，而整个 70 年代又在这个基础上增了 7%~8%。早些年，看电视主要集中于受教育程度较低的群体，但在整个 20 世纪 70 年代，受教育程度较高的群体看电视的时间也开始呈上升趋势。看电视的时间随年龄（尤其是退休以后）而增长，但是，由于电视的引进，每一代人都在一个较高的起点上开始其生命周期。截至 1995 年，每一电视用户看电视的时间，比其在 20 世纪 50 年代要高出 50% 多。[19]

---

　　[18]　GSS 对公民参与指标的其他分析（本文并未详细报告）证实了 20 世纪 80 年代中的这种向下的转变。

　　[19]　我在此记录的一个学说，要分别归功于几个人［Robert Salisbury（1985）；Gerald Gamm，Simon 和 Garfunkel］。全民娱乐的爱好者可能还记得，迪马乔（Joe Dimaggio）1936 年与洋基队（Yankees）签约，当时，漫长公民一代的最后一批人才刚刚参与棒球运动，而他于 1951 年将中外场交给曼托（Mickey Mantle）负责，这个时候恰恰又是最后的"乳儿"达到法定成年年龄的时候。几乎同时性地，勇士队（Braves）、运动家队（Athletics）、布朗队（Browns）、元老队（Senators）、道奇队（Dodgers），以及巨人队（Giants）等队都放弃了自己的主场城市，这些城市自 19 世纪晚期以来就一直是他们的主场。当曼托于 1968 年离开洋基队时，对公民忠诚造成极大伤害。这种解释说明了，为什么罗宾逊夫人的悲伤的疑问［与乔廷·乔（Joltin Joe）那年的下落有关］，会引起如此广泛的共鸣。关于社会资本下降的一种解构主义的分析，突出了最后难以忘怀的哀叹——"我们的国家用孤独无助的眼神望着你"。

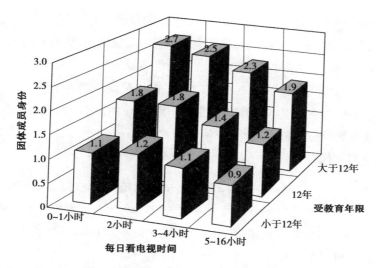

图 A.2　团体成员身份、看电视和教育水平

来源：综合社会调查（General Social Survey），1974—1994.

大量研究估计，普通美国人如今每天看电视的时间大约是 4 个小时。[20] 罗宾逊（Robinson，1990b）运用比较保守的时间耗用技术（用以确定人们如何分配他们的时间），提供的一个估计数字是每天接近 3 小时；但他承认，作为一种主要活动，看电视占用普通美国人 40% 的自由时间，这一比例自 1965 年以来又大约上涨 1/3。而且，复合设备已经蔓延：截止到 20 世纪 80 年代末，3/4 的全美家庭都拥有不止一套的电视设备（Comstock，1989），而这个数字还在稳定上升。总之，正如罗宾逊和戈德贝（Robinson & Godbey，1995）所断言的那样，"电视威力无比，它侵占了人们大量的空闲时间"。美国人度过白昼和黑夜的方式已发生大规模变化，这种变化正好出现在世代性的公民不参与的那些年中。

然而，电视来临和社会联系削弱发生关联的证据并不仅仅是间接性

---

[20]　有关电视社会学方面的大量文献的介绍，可参见 Bower（1985），Comstock et al.（1978），Comstock（1989）和 Grabner（1993）。本文出现的收视时间方面的数据，均引自 Bower（1985，33）以及《公共视点》（*Public Perspective*，1995，47）这本书。年龄群组的差异也引自 Bower（1985，46）的报告。

的。公民参与和电视收看之间的关系可以同公民参与和报纸阅读之间的关系相比较,这种比较具有启发意义。基本的对比简单明了:报纸阅读与高数量的社会资本相关,电视收看与低数量的社会资本相关。

　　限定教育、收入、年龄、种族、住所、工作状况及性别等变量后,电视收看与社会资本及团体成员数之间具有很强的负相关性,而社会资本及团体成员数与报纸阅读之间则具有正相关性。……

电视如何破坏社会资本?

- 时间置换。尽管每个人的一天中都只有 24 小时,但多数形式的社会和媒介参与依然是正相关的。聆听大量古典音乐的人,比其他人更有可能(并非更不可能)参加 Cubs 比赛。电视是上述概括的一个首要例外——它是唯一的一种可能会禁断户外参与的休闲活动。电视收看所导致的结果,往往是牺牲几乎所有的户外社会活动,尤其是社会集会和非正式交谈 (Comstock et al. 1978; Comstock 1989; Bower 1985; 和 Robinson & Godbey 1995)。电视观众就是有恋家癖的人。……

- 在加拿大的三个城市所进行的一项重要的与电视引进有关的准实验研究(Williams 1986),在跨时间的总体水平上发现了同样的模型:电视出现的一个主要影响就是导致社会、娱乐及社区活动的参与在所有年龄段的人群中都呈下降趋势。简言之,电视正将我们的闲暇时间私有化。

- 对观众视野的影响。一个令人印象深刻的文学团体(在"小人世界效应"的指导下聚集在一起)认为,过量观看电视的人,异乎寻常地怀疑他人的善行——例如,过高估计犯罪率。这个文学团体就深层的因果模式产生了大量争论,其中一些怀疑论者认为,上述那种遁世心理可能助长了电视迷的行为,反之不然。然而,在等待更好的实验证据的同时,我们还是可以暂行接受一个合理的判断:过量的电视收看很可能会增加关于人性的悲观想法 (Gerbner et al., 1980; Dobb & MacDonald 1979; Hirsh 1980; and Comstock 1989, 265-269)。……

- 对孩子们的影响。电视在孩子们的生活中充当特别的角色——他们平均每周要耗费 40 小时的时间来看电视。收视率在青春期以前的孩子们当中尤其高，在青少年中也依然很高：时间耗用研究（卡内基青少年发展委员会，1993，5，引自 Timmer et al.，1985）表明，在 9—14 岁的青少年中，看电视耗费的时间相当于所有其他自由活动（包括玩耍、业余爱好、俱乐部活动、户外活动、非正式拜访，以及闲逛）所耗费时间的总和。当然，电视对孩子社会化的影响已经被热烈讨论了 30 多年。从一些杂乱无章的有时相互矛盾的结果中，可得出的一个最合理的结论似乎就是：过量的电视收看可能会提高攻击性（尽管可能不是实际暴力），还可能会降低学业成绩，而且它在统计上与"社会心理障碍"有关。尽管这种影响的程度具有自我选择性，并且因果关联的程度尚有大量争议（Condry，1993）。如我所说，这些证据尚不足以将其（电视）定罪，但对这些证据的辩护已作了大量说明。

结　论

伊契尔·索勒·普尔（Ithiel de Sola Pool）死后出版的《无边界的技术》（*Technologies Without Borders*，1990），是一本有先见的著作，书中的预见性观点，与我们目前关于科技、公共政策和文化这三者间的复杂联系的全国性争论，惊人地相关。普尔捍卫一种他所说的"温和的技术决定论"。通信技术革命已经对社会生活和文化产生了深远影响，比如，印刷机有助于促进技术革新。普尔断定，通信技术中的电子革命（甚至在我们意识到迫在眉睫的变化之前，他就早早勾勒出了电子革命的概貌），是几个世纪以来最重要的技术进步，它将对社会和文化产生一种深远的分散性及分裂性的影响。

普尔所希望的结果可能是"没有邻接的社区"。作为一名杰出的自由主义者，他热忱欢迎技术变革为个体自由带来的好处，在某种程度上，我和他一样拥有那份热情。我们当中为当代美国社区的减少而感到惋惜的那些人，有必要对自由主义者在同一时期所取得的进步给出回应。我们必须避免一种不假批判地向往 50 年代的怀旧之情。另一方面，普尔又预言，同样一些对自由"友好"的技术，其出现后实际上是暗中破坏了我们之间的相互联系，以及我们同我们社区之间的联系。我想，普尔也会接受上述论证，因为普尔最有才干的一位门生，萨缪尔·波波金（Samuel Popkin, 1991, 226-231）已经论证，电视的出现以及社会互动的相应下降，已经削弱了美国的政治话语权。普尔生前的最后一本书（Pool, 1990, 262）的最后一行这样写道："我们可以料想，（我们能够预料的技术发展趋势）将促进个人主义，并且将使我们更难（而不是更容易）统治和组织一个融洽的社会。"

普尔的技术决定论之所以是"温和的"，正是因为他认识到，社会价值可以限定技术的影响。最终，这一观点促使我们并不仅仅要思考技术正如何使我们的生活私有化（如果它是这样的话，在我看来它似乎就是），而且还要追问：我们是否完全愿意接受这个结果，如果不愿意，我们能够对它做些什么。但那是将来讨论的话题。

参考文献

Bower, Robert T. 1985. *The Changing Television Audience in America*. New York: Columbia University Press.

Brehm, John, and Wendy Rahn. 1995. "An Audit of the Deficit in Social Capital." Durham, NC: Duke University. Unpublished manuscript.

Butler, David, and Donald Stokes. 1974. *Political Change in Britain: The Evolution of Electoral Choice*, 2nd ed. New York: St. Martin's.

Caplow, Theodore, Howard M. Bahr, John Modell, and Bruce A. Chadwick. 1991. *Recent Social Trends in the United States: 1960-1990*. Montreal: McGill-Queen's University Press.

Carnegie Council on Adolescent Development. 1993. *A Matter of Time: Risk and Opportunity in the Nonschool Hours: Executive Summary*. New York: Carnegie Corporation of New York.

Coleman, James. 1990. *Foundations of Social Theory*. Cambridge, MA: Harvard University Press.

Comstock, George. 1989. *The Evolution of American Television*. Newbury Park, CA: Sage.

Comstock, George, Steven Chaffee, Natan Katzman, Maxwell McCombs, and Donald Roberts. 1978. *Television and Human Behavior*. New York: Columbia University Press.

Condry, John. 1993. "Thief of Time, Unfaithful Servant: Television and the American Child," *Daedalus* 122 (Winter): 259-78.

Converse, Philip E. 1976. *The Dynamics of Party Support: Cohort-Analyzing Party Identification.* Beverly Hills, CA: Sage.

Cutler, Blaine. 1990. "Where Does the Free Time Go?" *American Demographics* (November): 36-39.

Davis, James Allan, and Tom W. Smith. *General Social Surveys, 1972-1994.* [machine readable data file]. Principal Investigator, James A. Davis; Director and Co-Principal Investigator, Tom W. Smith. NORC ed. Chicago: National Opinion Research Center, producer, 1994; Storrs, CT: The Roper Center for Public Opinion Research, University of Connecticut distributor.

Dobb, Anthony N., and Glenn F. Macdonald. 1979. "Television Viewing and Fear of Victimization: Is the Relationship Causal?" *Journal of Personality and Social Psychology* 37: 170-79.

Edwards, Patricia Klobus, John N. Edwards, and Ann DeWitt Watts, "Women, Work, and Social Participation." *Journal of Voluntary Action Research* 13 (January-March, 1984), 7-22.

Elazar, Daniel J. 1966. *American Federalism: A View from the States.* New York: Crowell.

Fukuyama, Francis. 1995. *Trust: The Social Virtues and the Creation of Prosperity.* New York: The Free Press.

Gerbner, George, Larry Gross, Michael Morgan, and Nancy Signorielli. 1980. "The 'Mainstreaming' of America: Violence Profile No. 11," *Journal of Communication* 30 (Summer): 10-28.

Ginzberg, Eli. *The Unemployed.* 1943. New York: Harper and Brothers.

Glenn, Norval D. 1987. "Social Trends in the United States: Evidence from Sample Surveys." *Public Opinion Quarterly* 51: S109-S126.

Grabner, Doris A. 1993. *Mass Media and American Politics.* Washington, DC: CQ Press.

Hirsch, Paul M. "The 'Scary World' of the Nonviewer and Other Anomalies: A Reanalysis of Gerbner et al.'s Findings on Cultivation Analysis, Part I," *Communication Research* 7 (October): 403-56.

Hughes, Michael. 1980. "The Fruits of Cultivation Analysis: A Reexamination of the Effects of Television Watching on Fear of Victimization, Alienation, and the Approval of Violence." *Public Opinion Quarterly* 44: 287-303.

Jahoda, Marie, Paul Lazarsfeld, and Hans Zeisel. 1933. *Marienthal.* Chicago: Aldine-Atherton.

Mannheim, Karl. 1952. "The Problem of Generations." In *Essays on the Sociology of Knowledge*, ed. Paul Kécskemeti. New York: Oxford University Press: 276-322.

Meyrowitz, Joshua. 1985. *No Sense of Place: The Impact of Electronic Media on Social Behavior.* New York: Oxford University Press.

Miller, Warren E. 1992. "The Puzzle Transformed: Explaining Declining Turnout." *Political Behaviour* 14: 1-43.

Miller, Warren F., and J. Merrill Shanks. 1995. *The American Voter Reconsidered.* Tempe, AZ: Arizona State University. Unpublished manuscript.

Pool, Ithiel de Sola. 1973. "Public Opinion." In *Handbook of Communications*, ed. Ithiel de Sola Pool et al. Chicago: Rand McNally: 779-835.

Pool, Ithiel de Sola. 1990. *Technologies Without Boundaries: On Telecommunications in a Global*

Age. Cambridge, MA: Harvard University Press.

Popkin, Samuel L. 1991. *The Reasoning Voter.* Chicago: University of Chicago Press.

Postman, Neil. 1985. *Amusing Ourselves to Death: Public Discourse in the Age of Show Business.* New York: Viking-Penguin Books.

Public Perspective. 1995. "People, Opinion, and Polls: American Popular Culture." 6 (August/September): 37-48.

Putnam, Robert D. 1993. *Making Democracy Work: Civic Traditions in Modern Italy.* Princeton, NJ: Princeton University Press.

Putnam, Robert D. 1995. "Bowling Alone, Revisited," *The Responsive Community* (Spring): 18-33.

Putnam, Robert D. 1996. "Bowling Alone: Democracy in America at the End of the Twentieth Century," Democracy's Victory and Crisis by Axel Hadenius. New York: Cambridge University Press.

Robinson, John. 1981. "Television and Leisure Time: A New Scenario," *Journal of Communication* 31 (Winter): 120-130.

Robinson, John. 1990a. "The Time Squeeze," *American Demographics* (February).

Robinson, John. 1990b. "I Love My TV." *American Demographics* (September): 24-27.

Robinson, John, and Geoffrey Godbey. 1995. *Time for Life.* College Park, MD: University of Maryland. Unpublished manuscript.

Rosenstone, Steven J., and John Mark Hansen. 1993. *Mobilization, Participation, and Democracy in America.* New York: Macmillan.

Salisbury, Robert H. 1985. "Blame Dismal World Conditions on ... Baseball." *Miami Herald* (May 18): 27A.

Schor, Juliet. 1991. *The Overworked American.* New York: Basic Books.

Sharkansky, Ira. 1969. "The Utility of Elazar's Political Culture." *Polity* 2: 66-83.

The Economist. 1995. "The Solitary Bowler." 334 (18 February): 21-22.

Timmer, S. G., J. Eccles, and I. O'Brien. 1985. "How Children Use Time." In *Time, Goods, and Well-Being,* ed. F. T. Juster and F. B. Stafford. Ann Arbor, MI: University of Michigan, Institute for Social Research.

U. S. Bureau of the Census. 1995 (and earlier years). *Current Population Reports.* Washington, DC.

Verba, Sidney, Kay Lehman Schlozman, and Henry E. Brady. 1995. *Voice and Equality: Civic Volunteerism in American Politics.* Cambridge, MA: Harvard University Press.

Wilcock, Richard, and Walter H. Franke. 1963. *Unwanted Workers.* New York: Free Press of Glencoe.

Williams, Tannis Macbeth, ed. 1986. *The Impact of Television: A Natural Experiment in Three Communities.* New York: Academic Press.

关于作者

　　罗伯特·D. 普特南(Robert D. Putnam)是哈佛大学"国际事务研究中心"的教授和主管。其 1993 年的著作,《使民主运作起来:现代意大利的公民传统》(*Making Democracy Work: Civic Traditions in Modern Italy*)(普林斯顿大学出版社),获得 APSA"比较政治学组织分部"的 1994 年的 Gregory Luebbert 奖。

附录 B

政府信任：
比较视角下的美国

Trust in Government：The United States
in Comparative Perspective

托迪·多纳(Todd Donovan)/西部华盛顿大学政治科学系
大卫·丹内马克(David Denemark)/西澳大学政治科学和国际关系系
肖·鲍勒(Shaun Bowler)/加州大学河滨分校政治科学系

引 言

　　与其他经济发达国家的公民相比，美国人对政府和民主政治的态度如何？我们将在下面表明，在被问及政府是否在"大多数时候"行动正确时，许多美国人显得有点愤世嫉俗。不过，相较于世界其他国家的公民，美国人对政府展示了相对较高水平的信任。为何会如此？国民对政府高(或低)水平的信任有什么后果？对信任的一种传统解释强调了历史和文化的作用。也就是说，对政府的信任可能植根于深层的、长期的影响因子之中。因此，具有共同历史或文化的国家在政府信任水平上应该大体相当。我们对 28 个国家的信任进行了比较分析，研究结果暗示，这种传统解释或许是不充分的。我们发现，信任在国家之间的变动，有很大一部分能用民主制度的运行情况加以解释。

　　从许多方面来说，美国的民主政治经验有其优势。在世界上有很多国家在竞争性的民主选举实践方面不如美国多，极少国家在宪法性安排和党派结盟方面有如美国那么稳定。欧洲大陆的一些国家在 20世纪因为战争、法西斯主义和军事侵略，其民主制度和政党制度被连根拔起。一些国家最近才巩固了政治制度，建立了竞争性的政党制度。相较于其他国家，美国经历了较少的政党体制变革，在这个方面可能同样不算典型。

对于民主政府、公民身份和参与行为而言，这种相对独特的政治史可能有助于发展与众不同的态度模型。通过比较美国人和其他国家的公民对于政治的态度，我们或许能更好地理解美国经验的独特之处和非独特之处。这种比较同样能揭示导致公民参与政治和信任或不信任民主安排的影响因子。

相信和不相信政府

大卫·伊斯顿（David Easton，1965）经典的政治"体制论"论证说，民主政治体制的合法性，依赖于公民在多大程度上相信其政府在大部分时间做了正确的事情。从理论上说，政治信任把人们同代表他们的制度连接在一起，提升了民主政府的合法性和效率（Gamson，1968；Putnam，1993；Hetherington，1998）。在一段较短的周期内，作为一种促进变革的手段，少数人或许多人中蔓延的低水平信任和愤世嫉俗值得期待，甚至可能是健康的。然而，如果在更长的时期，绝大多数人都不相信他们的政府，那么统治的合法性就可能受到威胁（Erber & Lau，1990），从而导致对法律的藐视和对彻底（或反民主形式）的更朝换代的支持。政治信任的一个构成成分，可能反映了对一个政治体系本身（而非当朝政府）的建制的支持，这意味着，低水平的信任能够与反体制行为关联起来（Muller & Jukman，1977）。

当前有关公众对政府和政治的态度的研究有一些更为惊人的发现，其中一项是，在许多西方国家，公民对政府的信任水平很低（例如 Dalton，1999；Klingemann，1999）。有些观察家认为，对政府的不信任,是世界上这些西方国家公民的一种普遍不安情绪的表现。这种不安情绪已经用许多形式描述过。世界上最富有的国家有历时甚久的代议制民主实践,但在对政府、当选官员,或许还有传统的民主模式的信任上,被认为面临着危机。这种政治信任缺失的信号呼应了民众对已有党派依附的减少、“反现行体制”党派的兴起,以及在许多国家中选举参与水平的降低。

公众意见学者注意到,欧洲和北美的大多数公民不相信其政府在大多数时候“做了正确的事”。我们将在下面看到,关于这种现象的意义,以及关于低水平政府信任的原因,存在一条重要的论证。无论如何,这是一种普遍的感觉,人们如今不如前几十年那么信任政府。另有证据显示,与40年前的同胞相比,公民对其政府的反应能力不那么信任了(Nye et al,1997;Dalton,1988,p.231)。早期政治信任减少的证据使许多人担心,某些国家因为统治的合法性被侵蚀,最终可能经历民主制度的支持危机(Miller,1974)。反过来,如果不信任水平的上升,仅仅反映了因丑闻或对在职政客的不满(而不是对政治制度本身的不满)造成的鄙弃,那么低水平的政治不满不会引起太大担心,而且可以被反转(Citrin,1974)。然而,只有极少证据表明,自20世纪70年代低水平的信任被确认后,对政府的信任曾经增加过。不过也没有太多证据暗示,世界的一些国家在统治合法性上经历过严重的危机。因此笼统来说,我们对美国人的政府信任所作的评论,能以许多西方国家政府逐渐丧失支持(其完整的寓意还有待继续讨论)为背景来加以审视。

2004年和2005年对世界上的28个国家所做的调查(见表B.1)[1]

---

[1] 国际社会调查项目(ISSP)于2004年在其全部41个成员国部署了公民身份2004模块。作为2004年国家调查的一个部分,综合社会调查在美国落实了ISSP公民身份模块。该项研究包含的28个国家(地区)几乎代表了世界上所有最富裕的国家,它对这些国家(地区)的定义是:自由之家(Freedom House)对其政治权利和公民自由的评分均为1。这里包含的每个国家的人均GDP(2004)在全球排名从2到37名。在此文撰写时,爱沙尼亚[这些国家(地区)中人均GDP排名32]、希腊(25)、冰岛(6)、爱尔兰(9)、意大利(20)、立陶宛(35)、卢森堡(1)和马耳他(29)的调查数据无法从ISSP那里获取。

表 B.1　对政府的信任,2004

		图中所用标签
丹麦	55	dn
芬兰	46	fn
瑞士	46	swi
塞浦路斯	41	cy
澳大利亚	40	au
新西兰	40	nz
智利	38	cl
加拿大	37	cn
瑞典	36	swe
西班牙	33	sp
美国	31	us
荷兰	29	ne
英国	29	gb
挪威	27	no
葡萄牙	26	pr
斯洛文尼亚	26	svn
比利时	24	bl
韩国	23	sk
匈牙利	23	hn
以色列	23	is
法国	22	fr
奥地利	19	as
捷克共和国	19	cz
拉脱维亚	19	lt
波兰	11	pl
德国	10	ge
斯洛伐克	10	svk
日本	9	jp

注:单元中的数据是每个国家(地区)中强烈同意或同意下述说法的回
　　答者的百分比:"大多数时候我们民众能够相信政府做了正确的
　　事情。"

来源:ISSP Citizenship Module,2004.

表明,除了丹麦外,其他所有国家的大多数回答者并不同意"大多数时候,我们民众能够相信政府做了正确的事情"这一说法。不过,美国可以列为民众最信任政府的国家之一,还有 10 个其他最富裕的国家展示出的信任水平更高。在最高信任水平的国家中,有 40%~55% 的民众相信他们的政府。相反,在波兰、德国、斯洛伐克和日本,只有十分之一的回答者表达了这种信任。

有些证据表明,自 20 世纪 70 年代开始,这些国家(地区)中有许多信任逐渐减少。在一些可以获得比较数据的国家中,通过对比 ISSP 在 2004 年的舆论调查和在 1970 年代中期所做的类似调查,我们发现证据表明他们的政治信任和政治信心下降了。相较于 1970 年代后期,2004 年表达对政府信任或对公务员有信心的美国人、英国人、法国人和德国人变少了。道尔顿(Dalton,1988,p. 232)报告说,在 1977 年,34%的美国人、40%的英国人和 52%的西德人相信政府"做了正确的事情"——比表 B. 1 中的信任水平高。道尔顿还报告,在 1977 年,43%的美国人、31%的英国人、36%的法国人和 34%的西德人说政府官员"关心"民众的想法。2004 年 ISSP 调查发现这些国家的人们对公务员的信心降低了:35%的美国人、23%的英国人、27%的法国人和只有 10%的联邦德国人认为政府官员关心民众的想法。对加拿大(Kornberg & Clarke,1992)、芬兰(Borg & Sankiaho,1995)和瑞典(Holmberg,1999)的研究都发现信任在降低。英国、意大利和日本的信任可能也在减少(Dalton,1999;Beer,1982)。

当我们把表 B. 1 中的结果与之前的研究进行比较时,丹麦和荷兰的信任流失证据不那么明显(Listhaug,1995;Newton & Norris,2000),这个模型呼应了其民众对民主政府的高度满意。(Lijphart,1999,p. 286)。

澳大利亚是这些国家中政治信任没有下降的国家。在 2004 年,对比这些富裕国家的人,澳大利亚人相对信任其政府,40%说他们能相信政府做了正确的事情。尽管在 20 世纪 90 年代之前,对澳大利亚人态度所做的比较调查很难获得,但澳大利亚人在 2004 年比之前的几十年信任水平可能要高。例如,1979 年和 1988 年的调查发现,只有 29% 的澳大利亚人说能相信政府做了正确事情(McAllister,1992;p. 45)。[②]

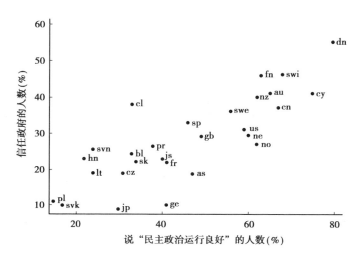

图 B.1   相信政府做了正确的事情和对当今民主运行情况的评价

【回答者要回答的问题是:如果量度范围是从 0 到 10,0 代表极度糟糕,10 代表非常好,从整体而言,当今(国家)的民主运行情况如何? x 轴表示回应说 7 或更高的回答者的百分比。r=0. 80】

图 B.1 提供的证据显示,从整体上说,对政府的信任对应于个体对现行民主安排的满意度——就像是反映了他们对政府或统治绩效的评价(Dalton,1999)。因此,从本研究囊括的 28 个国家(地区)的调查结果来看,我们可以认为,对政府的信任与对民主运行情况的满意度高度相关(r=0. 80)。在图 B.1 中,美国的位置用字母"us"标示。在这些跨国家的模型中,我们看到,从政治信任水平和民主运行满意度而言,美国跻身于最高等级之列。在澳大利亚、新西兰、芬兰、瑞士和丹麦,高信任水平同样也对应了对民主政治的正面评价。显然,硬

---

②   对新西兰的调查表明政府信任存在类似的增长,从 1993 年的 31% 递增到 2005 年的 44%。

币的另一面是低水平信任对应了对国家民主体制运行情况的不满。在波兰、日本、斯洛伐克和捷克共和国，低水平的信任对应了对民主运行情况的糟糕评价。

但是，高（或低）水平的政治信任究竟意味着什么？只有31%的美国回答者信任其政府，对于这个事实，我们可以做出什么结论？反过来，极少奥地利人、法国人和日本人相信他们的政府在绝大多数时候"做了正确的事情"，这又意味着什么？就如我们将在下面看到的，当我们考虑某些态度时，美国人对政治的评价显得相当愤世嫉俗；但相较于世界上其他国家的公民来说，他们又相当乐观。在后面的章节中，我们考察了对低政治信任原因的各种解释，以评估什么样的政治态度与政治信任和不信任相对应。

评判性公民和政治参与

对当代政治不信任的一个流行解释是认为，公民的政治行为和期望在最近几代已经发生了变化。自从第二次世界大战后，对于政府该如何工作、公民在其政治体制中扮演的角色的公众期望，可能已经发生了实质性的变化。因为大众教育水平提升，生活更加富裕，信息途径更广，所以当代的公民可能会期望更直接地表达对政府工作的意见，而对传统的代表模式兴趣降低。

有些政治分析家认为，更不牢靠的党派忠诚（Dalton，1984）、公民对政党提名更为直接的影响、公民创制权和公民复决更为频繁的运用，以及直接选举地方官员，这种趋势是民众要求的新参与形式的结果（Budge，1996；LeDuc 2003，p. 30）。随着民主制国家的成熟，公民可能会逐渐相信他们完全有能力在管理上发挥直接的作用，而对于把重要职责授予当选官员的现行政治安排，却持怀疑态度。诺里斯（Norris，1999）和英格尔哈特（Inglehard，1999）的研究暗示，这些要求出自于政治上愤世嫉俗的公民，他们对代议制政府和惯常的政治模式渐渐丧失信心，但对于民主政治的原则仍旧保留着强烈的支持。其他人表示，公民服从当局的意愿相应下降（Inglehart，1990），在"解冻"政治结盟和政治制度方面很重要（Bogdanor，1994）。从这个角度看，由于当代许多"后实利的"（Inglehart，1997）或"评判性公民"（Norris，1999）的物质需求大部分都满足了，因此他们对于政府和政治的态度可能已经变为更多地关注政治进程本身。

在这种新的政治关系中，由于财富和教育的提升，可想而知，公民会要求更为直接的影响。然而，如果我们审视国家财富（人均 GDP）和政治信任水平之间的整体相关，就会发现，纵观表 B.1 列出的那些富裕国家（地区），信任水平和人均收入之间的相关很小（$r = 0.30$）。美国的人均国民财富在这些国家（地区）中位于平均水平之上，而政治信任排名只是稍微高于平均水平。因此，美国相对较高的政治信任水平，可能反映了与其财富有关的某个东西，但从这 28 个国家（地区）的情况来看，国民财富只能算是信任这个变量一个差强人意的预报器。

公民涉入和参与

道尔顿（Dalton，1984）和英格尔哈特（Inglehart，1990）着重指出，当代公民更高水平的"认知动员"导致了公众对切入政府决策进程的更高要求。当选代表作为托管人，被委托人赋予广泛的决断力，这种典型的观念可能已经被公民不断增长的期望颠覆，他们指望当选官员应该是充当直接表达公众意愿的代表。这就暗示，在个体公民具有更多内在政治功效意识（即意识到他们具有理解政治议题和影响政府的个人能力）的国家，具有更高水平的政治体制投入。图 B.2 揭示，缺乏个人政治功效意识的公民一般具有低水平的政治信任（$r = 0.46$）。在此我们看到，丹麦、瑞士、澳大利亚、新西兰和塞浦路斯这些国家，相对较高水平的政治信任与相对较高水平的个人或内在政治功效意识相对应。然而，美国和比利时的高功效意识并没有与高水平的信任对应。

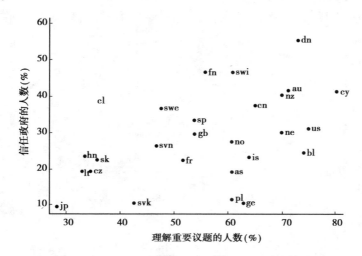

图 B.2　对政府的信任和个人功效意识
（用说"自己理解政治议题"的人数百分比来测量）

【功效意识的测量:回答者中强烈赞同或赞同"我感到自己对（国家）面
临的重要政治议题有相当好的理解"的人数百分比。r=0.46】

但是,公民导向政府的评判性公民/后实利主义模型的一个关键
成分集中关注的是参与性政治的要求:换句话说,高功效意识——对
政治参与重要且实际发挥作用的意识——导致了对公民在一个民主
社会中所扮角色的更高期望。图 B.3 中的模型确认了这种关联的重
要性:政治信任水平和感到自己国家为公民参与提供的机会不够充分
的人的比例之间,明显有一种负向关系（r=-0.44）。看图的右手部
分,我们看到这些国家有较低的信任水平,公民感到他们需要更多的
机会对决策产生影响——比如像日本和德国,直接的政治参与机会相
对有限（Scarrow, 2001）。在人们发现参与机会更充分的国家,体现出
了更高的信任。瑞士就是一个例子,它的信任水平高,在世界的民主
国家中它的民主安排是最直接的。多党制可能有助于促进提高代
表和投票者对与其党派联系的意识,采取这种制度的丹麦和瑞典仿
效了瑞士。相反,在有些国家较多的人相信他们需要额外的民意输

入模式,他们的信任水平较低。例如日本,党派制度僵化,长期由一个政党主导,在更多的民意输入这项要求上排名高,对政府的信任水平低。

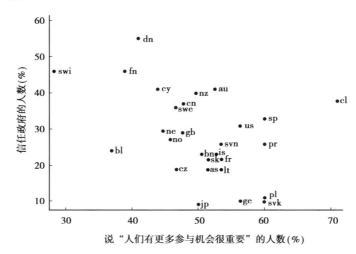

图 B.3　信任政府和对更多公民投入的要求

（用说"人们有更多参与机会很重要"的人数的百分比来测量）

【回答者要回答的问题是:对于人们在民主体制下的权利,存在各种不同的看法。假如量度范围是 1—7,1 代表不重要,7 代表非常重要,民众被赋予更多机会参与公共决策有多重要? x 轴代表把更多公民投入判断为 7 的公民的百分比。r=-0.44】

这是评判性公民/后实利主义论题的改版,被用于解释作为政党支持基础的社会阶层的减少(Dalton,1988)和对独立候选人和非传统党派的支持的上升。简而言之,这里的预期是,那些感到政党为投票者提供的选择和机会不充分的人,会不信任政府。而且事实上,图 B.4 揭示,不信任与对政党提供机会的沮丧感勉强有关联(r=0.30);大多数美国人赞同"政党没有为投票者提供真正的政策选择"。因此,尽管(或因为)美国党派制度稳定,但我们发现民众对政党感到沮丧的程度与以色列人和韩国人的程度相当。

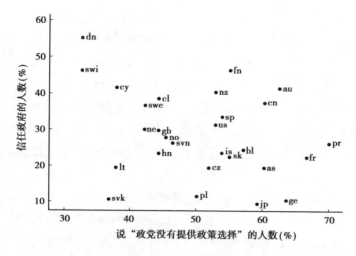

图 B.4　对政府的信任和对党派选择的不满

【回答者要回答的问题是：现在考虑（国家的）政治，你在多大程度上赞同或不赞同下述看法：政党实际上并没有赋予投票者真正的政策选择。x 轴标示的是那些强烈赞同和赞同的人的百分比。r=−0.30】

腐败、愤世嫉俗和政治不信任

对当前公民导向政府和政治的状况的另一种解释是，政治信息的可用性变化使人们对其政府行为有了更多的意识，但这种新的意识具有负面效应。前面的几代公民，可能因为社会化而有了一种盲目忠于其政党和政府的意识，而且出于一种公民义务意识而具有参与的意愿。但大众传媒的出现——以及它们聚焦于丑闻和敌意行为的调查报告（Graber，1989，p. 235）——使政府更难隐瞒他们的肮脏交易。民众对政府工作的监督加强、对丑闻的关注，其结果可能是公民降低了对政治制度的信心（Patterson & Donsbach，1996）。果真如此，那么当前在政治上的愤世嫉俗就反映了政治事件的去面具化（比如，水门、性丑闻、贿赂），而在以前的数代，这类事件的发生可能不会引起注意。

　　大众传媒高度关注政治腐败——比如臭名昭著的说客杰克·阿伯拉默夫（Jack Abramhoff）的故事；国会议员受贿认罪[加州共和党议员兰迪"公爵"康宁汉（Randy "Duke" Cunningham）]；招权纳贿[俄亥俄州共和党议员鲍勃·奈（Bob Ney），加州共和党议员理查德·庞勃（Richard Pombo）]；诱使和接受非法赠品以换取指定款项援助[西弗吉尼亚州民主党议员阿兰·默拉翰（Allan Mollohan）]；藏在一位国会议员冰箱中的疑似贿赂金9万美元[路易斯安那州民主党议员威廉·杰斐逊（William Jefferson）]；裙带关系[加州共和党议员约翰·杜立特（John Doolittle），宾西法尼亚州共和党议员科特·威尔顿（Curt Weldon），加州共和党议员理查德·庞勃（Richard Pombo），加州民主党议员玛克辛·沃特斯（Maxine Waters）]；美国联邦调查局传票调查说客敲诈阴谋[加州共和党议员杰瑞·刘易斯（Jerry Lewis）]；划拨公共基金款项中饱私囊[加州共和党议员金·卡尔沃特（Ken Calvert）]，以及不当性暗示电邮[弗罗里达州共和党议员马克·福利（Mark Foley）]。这类媒体焦点暗示，政治不信任可能反映了对政客腐败的感受。③

　　图 B.5 揭示，在国家层次上，信任和"国家公务腐败在蔓延"这一观念之间存在强的负向相关（$r = -0.60$）。我们的数据同样表明，对公务腐败的感受与"政客参与政治仅仅是为了从中获取个人利益"的信念之间存在强相关（$r = 0.80$）。图 B.5 暗示了，相对较高比例的美国人感受到，公务员的腐败是个问题。图 B.5 中靠左的国家（地区），较少的人说"很多"或"几乎每个人"在公务员生涯中腐败了；靠右的国家（地区），更多人说这样的话。美国左边的国家（地区）（对公务员腐败有较少的公众感受）比右边的国家（地区）（比如日本和韩国这类公

---

　　③　这种解释的一个变体是论证说，对代议制政府常规出版物的媒体审查揭露了公众不感兴趣的交易和党派策略（Hibbing & Theiss-Morse, 2001）。代表制度的合法性受到损害，公民出于忠诚参与政治的动机现在可能较弱。可以在下述报告中找到一份总结 2006 年美国国会腐败问题的摘要：Beyond Delay: The 20 Most Corrupt Members of Congress. Washington, D. C.: Citizens for Responsibility and Ethics in Washington.

务员腐败众人皆知的国家)要多。图 B.5 暗示,在美国和这 28 个国家(地区),对政府的信任可能由公众对公务员行为好坏的感受决定。事实上,出现最低信任水平的国家(地区),其官僚和公务员相对较高的腐败水平是广为人知(比如波兰和斯洛伐克,根据"透明国际"发布的指数,他们的腐败水平很高)。

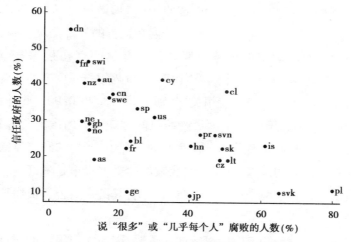

图 B.5　政府信任和对公务员腐败的感受

(用说"'很多'或'几乎每个人'在公务员生涯中腐败了"的人数的百分比测量)

【回答者要回答的问题是:你认为(国家的)公务员中腐败有多普遍? 回答类型包括"几乎没有;较少的人有;有的人数一般;很多人有;几乎每个人都有。"x 轴表示回答"很多人"或"几乎每个人"的回答者的百分比。r=−0.60】

对腐败的感受和信任之间的这种关联,其意义还有某些争议。它可能反映了民主制度的实际运行状态,也可能反映的是媒体渲染的愤世嫉俗,且这几乎不能在政客和公务员的实际行为中找到根源。那就是说,在数个国家(地区)的调查研究表明,公务腐败越高的地方,公民对公务员的态度越负面,对政府的信任越少(Anderson & Tverdova,2003)。官员个人腐败行为的曝光也已经被证明会腐蚀民众对政治体制的信心和降低人际信任(Seligson, 2002)。普特南(Putnam, 1993)证明,在意大利,政治态度和政府政绩之间存在很强的连结。行为研究同样发现，议员出了丑闻，他所代表的民众就会有较低的信任，在政治上会显得愤世嫉俗。投票者经历到了真实的丑行，而不仅仅是丑闻的报道，就会引起愤世嫉俗的态度（Bowler & Karp，2004）。

所有这些都促使我们相信，图 B.5 图示的意见模型很可能反映了实际的腐败实践如何会威胁到对民主政府的信任。一方面，利用专家、商人和国际组织的评价（如"透明国际"腐败感受指数，Corruption Perceptions Index，CPI）对每个国家的腐败进行的外部测量，与我们的调查回答者对其国家的公务员腐败的感受之间存在强相关（r = 0.82）。ISSP 调查测量的腐败感受同样也与世界银行对国家的监管制度和政府绩效的质量评级高度相关，分别是-0.78 和-0.90。此外，我们看到，在日本和韩国这两个大量受贿丑闻震动朝野的国家，人们更有可能感受到公务员是腐败的。在我们的研究中，葡萄牙和捷克共和国是 CPI 指数最低的国家，其民众对腐败的感受据报道是最高的。芬兰和丹麦属于世界上两个最干净的政治体制，其民众对公务员腐败的感受最低。

对腐败的感受和实际的腐败同样重要，因为它们很可能通过影响对政府反应速度的态度从而影响到对政府的信任。图 B.6 揭示，民众对政府的信任水平和对政府"不太关心像我这样的人的想法"的感受之间存在强的负向关系（r=-0.72）。这种感受——政府不关心，与公务员腐败的感受存在关联（r = 0.57）。我们同样发现，这些有关政府不关心的感受和客观的腐败指数（CPI）之间存在关联（r=0.52）。

社会资本的角色

社会力量以及这些政治力量，可能影响到整个国家对政府的信任水平。许多评论家倡导过下述观念：政治体制的健康源于社会资本——一种宏观层面的资源，能提升政治组织集体行动的能力（Coleman，1990，p.302）。普特南（Putnam，2000）引用了德·托克维

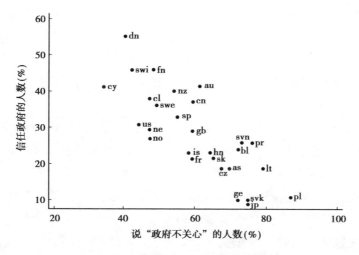

图 B.6　对政府的信任和对政府反应速度的感受

（用回答说"自己认为政府不关心'像我这样的人'"的回答者的百分比来测量）
【y 轴标示同意或强烈同意下述陈述的回答者百分比：我认为政府不怎么关心像我这样的人的想法。r=−0.72】

尔（de Tocqueville）的看法，把社会资本定义为"互惠的规范和信任"，源自于社会网络和自愿协会。人们部分依靠加入和参与如体育俱乐部、教会团体、艺术俱乐部等这类自愿团体，学习作为公民该如何集体行动、学习"公共精神"，以及学会信任他人（Verba，Schlozman，& Brady，1995）。有关大众对民主政治的态度的早期比较研究（Almond &Verba，1961）就注意到公民的志愿精神的重要性。

　　牛顿和诺里斯（Newton & Norris，1999）也发现，在 17 个"三边民主国家"，总体社会信任水平和对政府的信心之间存在强的关联。与普特南（Putnam，1993）的看法遥相呼应，他们论证说，社会信任能够建立有效的社会和政治制度，后者反过来能促进政府的政绩并激发对政府的信心。研究发现，在欧洲（Bowler，Donovan，& Hanneman，2003）和新西兰（Donovan et al，2004），社会性参与艺术俱乐部、合唱团、体育俱乐部以及其他自愿团体，与政治投入和参与之间存在关联。近来的研究暗示，自愿协会的成员数处于下降之中（Putnam，1995；

Putnam et al，2004）。自愿团体低比例的参与可能对应着较少的社会资本、较少的信任和较少的政治活动。普特南提示，高水平的政治愤世嫉俗和不信任可能是社会资本被侵蚀的结果——他把这种侵蚀归因于人们现在把他们的闲暇时间花在电视上，而非与团体中的其他人的共同活动上。

比恩（Bean，2001，2005）表明，社会的或人际的信任是比政治信任（或对政府的信任）更好的社会资本指示器，而且社会信任促进了政治参与。事实上，社会资本理论认为，对他人的信任是政府信任的一个前提条件，而信任别人是通过参加非政治自愿团体的活动学会的。

图 B.7 证明了社会团体活动和人际信任之间的关系的第一个部分。在这里我们看到证据揭示，参与社会团体同国家层次的人际信任——现在用一个国家中回答"总是或经常能予以其他人信任"的人数百分比测量，之间存在关联。在更多人在体育俱乐部中彼此互动的国家，人际信任也就越高（r=0.57）。越多人参与其他自愿协会（未提及名字）的国家，人际信任水平也就越高（r=0.46）。对跨国家数据的附加分析揭示，在具有更高比例人数参与体育、休闲和文化团体的国家中，回答说自己感到被其他人占便宜了的人较少（r=−0.72）。相反，教会团体较高的参与度与国家层面的人际信任之间没有清晰的关系（r=−0.5）。

图 B.8 证明了社会资本论题的第二个部分：人际信任和政府信任之间的关系。在这里我们看到，更多人信任他人的国家一般具有更高的政府信任水平（r=0.60）。因此，美国相对较高的政府信任水平，可能部分反映了相对健康的人际信任（社会资本），这是靠积极参与如体育俱乐部和文化团体这样的自愿社会团体来维持的——至少在把美国同葡萄牙、西班牙、波兰、拉脱维亚和智利等相比时是如此。

同样也存在一些力量抑制了人际信任的增长。正如我们在上面表明的（图 B.5），对公务员腐败的感受在解释政府信任上扮演着重要的角色。腐败，包括实际的和被感受到的，对政府信任（图 B.5）和对政府反应速度的感受，都具有腐蚀效应。我们同样发现，对腐败感受

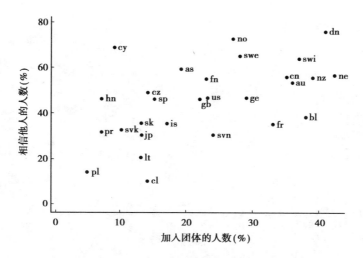

图 B.7　人际信任和体育、休闲或文化团体成员百分比

【访谈问题是:人们有时候属于不同类型的团体或协会。对于每种类型
的团体,请简要说明你是"属于并积极参与""属于但没有参与""曾经
属于但再也不属于",或"从没属于过"中的哪一种。x 轴表示回答自己
属于以及积极参与一个体育、休闲或文化团体的人数百分比。y 轴的数
据在图 B.8 中描绘出了。r=0.57】

较高的地方(r=-0.76),实际腐败较多的地方(r=-0.58),以及更多
人认为政客当官仅仅是为了私利的地方(r=-0.78),人际信任较低。
这似乎反映了社会资本和民主制度运行情况之间的复杂因果关系,而
这印证了普特南(Putnam,1993)的下述看法:没有某种基本的储备或
人际信任,民主政府举步维艰。

公民身份和参与

　　但是,低(或高)水平的政府信任会有什么政治结果? 如果政府信
任也反映着对政治体制的普遍支持(Muller & Jukman,1977),或反映
了一个国家政治体制的合法性(Easton,1965),那么我们应该可以期

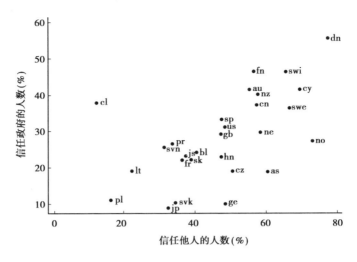

图 B.8　对政府的信任和人际信任

（相信其他人的人数百分比）

【回答者要回答的问题是:大体上讲,你是否会说大多数人能予以信任,或者你在与人打交道时慎之又慎? 回答范畴包括"人们几乎总是能予以信任;人们经常能予以信任;你与人打交道时一般慎之又慎;你在与人打交道时几乎总是慎之又慎。"x 轴表示回答前两个答案的人数百分比。r＝0.60】

待发现行为或态度上的结果。有些态度或行为象征着对一个国家政治体制的强烈排斥(比如暴动的意愿或造反的倾向),但公众意见数据不适合于用来测量它们。不过,ISSP(国际社会调查项目)公民身份模块包含一些有关人们的政治体制取向的测量数据,包括对公民遵纪守法纳税重要性的态度。这些数据也包括各种政治参与模型的测量数据。如果政府信任确实在某种程度上代表了对一种政治体制合法性的接受,我们可以预期看到,在更多人相信政府的国家,人们会赋予守法更大的重要性,更愿意参与政治。

在整体层次上,政治信任与多重政治参与形式相关。28 个国家(地区)的政府信任对应着对下述观念的较高层次的支持,该观念即:公民身份要求人们总是参与投票(r＝0.33),一个国家(地区)较高的政府信任对应着该国家（地区）更多的回答者报告自己参与了上次的选举投票（r=0.28）。类似地，我们发现，在政府信任更高的国家（地区），更多人报告说"联系或尝试联系政客或公务员表达自己的看法"（r=0.40）。这个结果可以根据前面讨论的政治信任与腐败之间的关系来加以考虑。它暗示，运行不健全的公共服务不仅会阻碍人们信任政府，而且会阻碍他们联系公务员。事实上，在被感受到的腐败和一个国家（地区）中报告自己联系公务员的公民比例之间，存在强的负向相关（r=−0.62）。我们同样发现，在"透明国际"实际腐败指数与联系公务员的人数百分比之间也存在类似的相关（r=−0.64）。图 B.9 揭示，在较低政府信任水平的国家（地区），如果公民反对政府行为，那么他们对坚持公民不服从的需要持清楚的态度（r=−0.51）。在高腐败低政府信任的新兴国家（斯洛伐克和波兰），对于"民主政治需要公民不服从那些他们反对的政府行为"这个观念，有着最高的支持度。

民主表现 vs. 政治文化

我们已经表明，政府信任取决于对民主运行情况的评价、对政治功效和公民影响政治体系范围的失望感受，以及对政府反应速度的评价。更高水平的政治信任似乎对应着表现更好（较少腐败）的政治体制，而且政治信任与社会资本有关联。

对 28 个国家（地区）公民所做的这些调查结果揭示，政府信任水平以及人际信任在文化相似的国家变动很大，相似的信任水平似乎出现在历史文化差异甚大的不同国家（地区）中。

美国的政府信任水平类似于西班牙的，而荷兰的类似于英国的。同样地，美国的人际信任更接近于我们在匈牙利和德国发现的人际信任，而非接近于新西兰、加拿大和澳大利亚的。我们发现法国和日本几乎有完全一样（低）的信任水平。另外，德国和韩国的政府信任水平几乎一样（低）。社会的和政治的文化在国与国之间的差异，或者说美

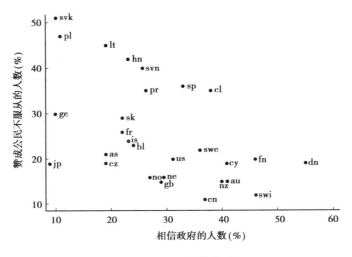

图 B.9　公民不服从的需要

（说"在不赞成政府时不服从很重要"的人数百分比）vs. 政府信任

【y 轴表示回答说 7 的回答者的百分比，他们面对的问题是：怎么当一个好公民，存在不同的意见。量度范围是从 1 到 7（1 表示根本不重要，7 表示非常重要）。就你个人而言，公民在反对政府行为时坚持不服从有多重要？x 轴是相信政府的百分比。r=-0.51】

国与澳大利亚、加拿大和新西兰共有的英国影响，似乎在某种程度上不足以解释在美国发现的相对较高的信任水平。

　　这些发现应该能使正在蜕变的追求更多民主的国家和面临政治信任危机的现有的民主程度已较高的国家变得乐观，因为它们暗示，与民主前景关联在一起的是政治结果和民主表现，而非不可变迁的国家文化。文化可能远不如民主制度和政治的或经济的输出那样具有可塑性。如果政治信任是由深深扎根的文化规范决定，那么建立一个运行健全的民主国家可能需要数代时间。不过，如果信任源于制度的绩效，那么更好的制度绩效（更少丑闻、更少腐败）就可以建立更多的政治信任。同样，公民社会参与的增长也可以建立人际的和政治的信任。政府通过消除腐败、提升民主制度的绩效，以及改善公众对公民参与政治机会不够的感受，也许就能够制造信任。

当然,还存在其他的信任构成成分,没有在这种分析中考虑到。正如安德森等人(Anderson et al,2005,p. 67)陈述的,美国的政府信任是与一个人是否支持执政党关联在一起的。这一结果也在对信任的跨国家研究中被发现,但它是一个短期效应:在野党一旦当权,其支持者就会变得更加信任政府。正如我们在上面注意到的,用人均 GDP测量的经济成就与政府信任的关系很弱。这个结果可能反映了下述事实:这里考虑的那组国家(地区)都相对富裕。在新近的、不那么富裕的国家(地区)所做的意见分析揭示,经济成就更大的地方,人们对政府的信任越高(Mishler & Rose,2001)。不过,经济成就可以看成是一种系统输出。因此经济上的进步有望帮助建立信任。

美国例外论?

尽管人们普遍注意到美国人对政治愤世嫉俗,大多数人不相信他们的政府,但是当我们在跨国家的视角下考察这些态度时,美国人对民主政治的评价还是算得上乐观。相较于其他大多数富裕的国家,美国的政府信任水平相当高了,民众认同民主制度运行良好,而且个人(内在的)功效意识水平也非常高——尽管这些事情对建立信任的作用可能会被(相对)高的政治腐败感抵销。不过,美国人比这里考察的其他大多数国家(地区)的公民赋予守法、诚实纳税和参与更高的价值。我们确实发现,美国人稍稍更爱说他们的政党并没有提供"真正的政策选择",而且他们尤其更爱说,应该赋予人们更多的机会参与公共决策。这暗示,在美国,对政府的整体不信任不像那些持反体制或反民主看法的人的反应,而是像道尔顿(Dalton,1999)注意到的,是那些想要冒险体验更多民主政治的人的反应。

不过,这还是回到了下述问题:为什么相较于日本人、德国人、波兰人、捷克人、法国人、奥地利人和挪威人而言,美国人更加信任他们的政府? 另外,如果社会资本和民主制度的成就(腐败)建立起政府信任,那么在过去数十年,美国出现了什么样的变化,可能降低了政治上的信任？许多可能造成美国例外的结构性要素——20世纪没有经历法西斯主义、没有社会主义革命、持续的政党体制、非常富有等,自1970年代和1980年代测量到低水平的信任后,并没有发生变化。

我们只能推测:美国究竟发生了什么,可能导致它的信任水平比40年前降低了。2004年测量的意见可能在某种程度上反映了战争时期和9·11记忆的影响。如今对美国信任的测量指数至少在一定程度上可能反映了健康的经济。2004年美国经济肯定比1970年代后期运行得更好,而且在某些国家,信任的趋势对应着经济成就。例如,在德国统一后,随着经济成就的降低,信任也下降了。然而,要评估当今信任水平是否反映了民主制度的运行情况则更为困难:我们无法确定被感受到的腐败在今天是否比过去更多。

参考文献

Almond, G. , & Verba, S. (1963). *The Civic Culture*: *Political Attitudes and Democracy in Five Nations*. Princeton, N. J. : Princeton University Press.

Anderson, C. , & Tverdova, Y. (2003). "Corruption, Political Allegiances, and Attitudes Toward Government in Contemporary Democracies." *American Journal of Political Science*, 47, 91-109.

Anderson, C. , Blals, A. , Bowler, S. , Donovan, T. , & Listhaug, O. , (2005). *Loser's Consent*: *Elections and Democratic Legitimacy*. New York: Oxford University Press.

Bean, C. (2005). "Is There a Crisis of Political Trust in Australia?" In *Australian Social Attitudes*: *The First Report*, New South Wales University of New South Wales Press.

Bean, C. (2001). "Party Politics, Political Leaders and Trust in Government in Australia." *Political Science*, 53, 17-27.

Beer, S. (1982). *Britain Against Itself*. New York: Norton.

Bogdanor, V. (1994). "Western Europe." In Butler, D. , & Ranney, A. (Eds.), *Referendums Around the World*. Washington D. C. : AEI Press.

Borg, S. , & Sankiaho, R. (1995). *The Finnish Voter*. Tampere: The Finnish Political Science Association.

Bowler, S. , Donovan, T. , & Hanneman, R. (2003). "Art for Democracy's Sake: Social Group Membership and Civic Engagement in Europe." *Journal of Politics*, 65(4), 1111-1129.

Budge, I. (1996). *The New Challenge of Direct Democracy*. Cambridge, Mass. : Polity Press.

Citrin, J. (1974). "Comment: The Political Relevance of Trust in Government," *American Political Science Review*, 68, 973-988.

Coleman, J. (1990). *Foundations of Social Theory*. Cambridge, Mass: Harvard University Press.

Dalton, R. (1984). *Electoral Change in Advanced Industrial Democracies: Realignment or Dealignment?* Princeton, N. J.: Princeton University Press.

Dalton, R. (1988). *Citizen Politics in Western Democracies: Public Opinion and Political Parties in the United States, Great Britain, West Germany and France*. Chatham N. J.: Chatham House.

Dalton, R. (1999). "Political Support in Advanced Industrial Democracies." In Norris, P. (Ed.), *Critical Citizens.' Global Support for Democratic Governance*. Oxford, U. K.: Oxford University Press.

Donovan, T., Bowler, S., Karp, J., & Hanneman, R., (2004). "Sports, Social Group Membership and Political Engagement in New Zealand." *Australian Journal of Political Science*, *39*(2), 405-419.

Easton, D. (1965). *A Systems Analysis of Political Life*. New York: Wiley.

Erber, R., & Lau, R., (1990). "Political Cynicism Revisited." *American Journal of Political Science*, *34*(1), 263-253.

Hetherington, M. (1998). "The Political Relevance of Trust." *American Political Science Review*, *92*(4), 791-808.

Holmberg, S. (1999). In Norris, P. (Ed.), *Critical Citizens: Global Support for Democratic Governance*. Oxford, U. K.: Oxford University Press.

Gamson, W. (1968). *Power and Discontent*. Homewood, Ill: Dorsey Press.

Graber, D. (1989). *Mass Media and American Politics*. (3rd ed). Washington, D. C.: Congressional Quarterly Press.

Inglehart, R. (1977). *Silent Revolution: Changing Values and Political Styles Among Western Publics*. Princeton, N. J.: Princeton University Press.

Inglehart, R. (1990). *Culture Shift in Advanced Industrial Society*. Princeton, N. J.: Princeton University Press.

Klingemann, H. D. (1999). In Norris, P. (Ed.), *Critical Citizens: Global Support for Democratic Governance*. Oxford, U. K.: Oxford University Press.

Kornberg, A., & Clarke, H. D. (1992). *Citizens and Community: Political Support in a Representative Democracy*. Oakleigh, Australia: Cambridge University Press.

LeDuc, L. (2003). *The Politics of Direct Democracy: Referendum in Comparative Perspective*. Toronto: Broadview Press.

Levi, M. (1996). "Social and Unsocial Capital: A Review Essay on Robert Putnam's *Making Democracy Work.*" *Politics and Society*, *24*, 45-55.

Lijphart, A. (1999). *Patterns of Democracy: Government Forms and Performance in Thirty-Six Countries*. New Haven, CT: Yale University Press.

Listhaug, O., & Wiberg, M. (1995). "The Dynamics of Trust in Politicians." In Klingemann, H-D., & Fuchs, D. (Eds.), *Citizens and the State*. New York: Oxford University Press.

McAllister, I. (1992). *Political Behaviour: Citizens, Parties and Elites in Australia*. Melbourne: Longman Cheshire.

Miller, A. (1974). "Political Issues and Trust in Government: 1964-1970." *American Political Science Review*, *68*, 951-972.

Mishler, W., & Rose, R. (2001). "What Are the Origins of Political Trust?" *Comparative Political Studies*, *34*, 30-62.

Muller, E., & Jukman, T. (1977). "On the Meaning of Political Support." *American Political Science Review*, *71*, 1561-1595.

Newton, K. , & Norris, P. (2000). "Confidence in Public Institutions: Faith, Culture or Performance. " In S. Pharr & R. Putnam (Eds.), *What's Troubling the Trilateral Democracies?* Princeton, N. J. : Princeton University Press.

Norris, P. (1999). *Critical Citizens: Global Support for Democratic Governance.* Oxford, U. K. : Oxford University Press.

Nye, J. S. , Zelikow, P. D. , & King, D. C. (1997). (Eds). *Why People Don't Trust Government.* Cambridge, Mass: Harvard University Press.

Patterson, T. E. , & W. Donsbach (1996). "News Decisions: Journalists as Partisan Actors. " *Political Communication*, *13*, 455- 468.

Putnam, R. (1993). *Making Democracy Work: Civic Traditions in Modern Italy.* Princeton, N. J. : Princeton University Press.

Putnam, R. (2000). *Bowling Alone: The Collapse and Revival of American Community.* New York: Simon & Schuster.

Scarrow, S. (2001). "Direct Democracy and Institutional Change. " *Comparative Politics Status*, *34*, 651- 665.

Seligson, M. (2002). "The Impact of Corruption on Regime Legitimacy: A Comparative Study of Four Latin American Democracies. " *Journal of Politics*, *64*, 408- 433.

Verba, S. , Schlozman, K. , & Brady, H. (1995). *Voice ε Equality: Civic Voluntarism in American Politics.* Cambridge, Mass: Cambridge University Press.

附 说说科学

以下内容摘自本书

❝ 科学与问题的提出和回答方式相关,它是用于探索和观察的一套规则和形式,由那些希望获得可靠答案的人们创造。(P2)

❝ 科学是一种探索模式,为全人类共同拥有。(P3)

❝ 科学是一种思考和提出问题的过程,而非一种知识体系。(P4)

❝ 科学的实质在于找出我们能观察到的事物间的关系。(P8)

❝ 科学策略的要素本身很容易理解。它们是概念、变量、假设、测量和理论。这些要素的组合方式构成了科学方法。理论的功能是引导出这种方法,赋予它意义,这是通过帮助我们解释被观察到的现象来实现的。(P14)

❝ 用精确的名字称呼事物,是理解的开始,因为它是心灵把握现实及其众多关系的关键。(P15)

❝ 科学是一种方法,通过参考可观察的现象来检验概念的表达以及它们之间的可能关联。(P16)

❝ 如果假设得到了精心设计,科学方法的所有步骤也就随之而来……假设提供了整个结构。(P28)

❝　社会科学的艺术之一，就是有技巧的问题重构。（P30）

❝　科学方法是利用可观察的证据，以一种训练有素的方式来检验思维，并且在该过程的每一步都做到明晰。（P32）

❝　科学是一种工作程序，利用对经验的提炼来回答问题。（P43）

❝　好的描述是科学的开始。（P45）

❝　科学观察方法的优点是，偏见更容易被暴露出来，因为对意义和程序的规定都非常明晰，能被复制。（P59）

❝　自变量和因变量的关系在被令人信服地证明之前，只是研究者的一种想象虚构。（P69）

❝　科学真正的创造力在于变量的操作化和假设的设计。（P80）

❝　科学家主要测量三样东西：变异、与变异相关的数据具有意义的概率，以及变量间的关系。（P84）

❝　研究技术更进一步的发展，很大程度不是来自方法论文献的推进（讨论某种方法的局限性或可能的改进），而是来自经由有趣的研究项目激发的动力。（P121）

❝　思想提供着那些技术机制背后的脉络。（P121）

图书在版编目（CIP）数据

社会科学研究：从思维开始：原书第 11 版 /
（美）托德·多纳（Todd Donovan），（美）肯尼斯·赫文
（Kenneth Hoover）著；潘磊，马帅超，李涤非译. --
重庆：重庆大学出版社，2020.4（2021.11 重印）
（万卷方法）
书名原文：The Elements of Social Scientific
Thinking 11Ed
ISBN 978-7-5689-1800-8

Ⅰ.①社… Ⅱ.①托…②肯…③潘…④马…⑤李
… Ⅲ.①社会科学—研究方法 Ⅳ.①C3

中国版本图书馆 CIP 数据核字（2019）第 043435 号

社会科学研究：从思维开始
（原书第 11 版）

［美］托德·多纳 ［美］肯尼斯·赫文 著
潘磊 马帅超 李涤非 译
策划编辑：林佳木
责任编辑：林佳木 版式设计：林佳木
责任校对：谢 芳 责任印制：张 策

*

重庆大学出版社出版发行
出版人：饶帮华
社址：重庆市沙坪坝区大学城西路 21 号
邮编：401331
电话：（023）88617190 88617185（中小学）
传真：（023）88617186 88617166
网址：http://www.cqup.com.cn
邮箱：fxk@cqup.com.cn（营销中心）
全国新华书店经销
重庆长虹印务有限公司印刷

*

开本：940mm×1360mm 1/32 印张：6.125 字数：173 千
2020 年 4 月第 1 版 2021 年 11 月第 2 次印刷
ISBN 978-7-5689-1800-8 定价：34.00 元

版贸核渝字(2017)第 261 号